AF185210

Erik Kraatz (Hrsg.)

Veränderungen der Kommunikationsformen und Wandel der Kommunikationskompetenzen als neue Herausforderungen für Studium und Lehre an den Fachhochschulen für den öffentlichen Dienst

Redebeiträge und Thesen des 29. Glienicker Gesprächs 2018

© 2018 Erik Kraatz (Hrsg.)

Verlag & Druck: tredition GmbH, Hamburg

ISBN
Paperback   978-3-7469-7845-1

Inhaltsverzeichnis

Keynote: Aktuelle Trends und Themen der Hochschulkommunikation

Julia Wandt

Universität Konstanz

- es gilt das gesprochene Wort -

1 Hochschulkommunikation – ein strategisches Thema

Bedeutung, Form und Rahmenbedingungen der Kommunikation an deutschen Hochschulen haben sich im vergangenen Jahrzehnt stark verändert. Hinzu kommt, dass Hochschulkommunikation sehr strategisch ausgerichtet ist – nicht nur, weil sich die Institutionen in Wettbewerben wie zum Beispiel der Exzellenzinitiative des Bundes und der Länder und deren Nachfolgeprogramm, der Exzellenzstrategie, positionieren und die Leistungen ihrer Mitglieder sichtbar machen müssen, sondern auch die Wissenschaftskommunikation selbst ist zum strategischen Erfolgsfaktor für Hochschulen geworden. So gibt es in den genannten Wettbewerben immer häufiger Kriterien, die Hochschulen auch anhand ihrer Kommunikation bewerten. Es gibt Preise auf hoher wissenschaftspolitischer Ebene, die Hochschulen für ihre Kommunikation auszeichnen. Des Weiteren haben auch Bürgerinnen und Bürger, Medienvertreter und weitere Anspruchsgruppen bestimmte Erwartungen an das öffentliche Auftreten von Hochschulen und messen diese daran.

2 Rollen, Akteure und Aufgaben der Hochschulkommunikation

Auch das Rollenverständnis, das Verhalten sowie der Anspruch der Akteure in der Wissenschaftskommunikation haben sich in den vergangenen Jahren sehr gewandelt – hierzu zählt auch ein stark verändertes Rezeptions- und Kommunikationsverhalten der Mediennutzer. Hochschulen, als ein bedeutender Teil des Wissenschaftssystems, müssen seit Jahren mit einer großen Diversifizierung ihrer Arbeit in der Kommunikation umgehen: Die institutionelle Wissenschaftskommunikation setzt sich mit einer gestiegenen Anzahl und Vielfalt der Kommunikationskanäle (neue Kanäle

1

kommen hinzu, bestehende fallen nicht weg) und Aufgabenbereiche sowie der Entgrenzung des Systems Wissenschaft zu anderen Systemen wie die Öffentlichkeit, die Medien und die Politik auseinander. So ist es zum Beispiel eine vergleichsweise neue wie unerlässliche Entwicklung, dass Hochschulen die politische Kommunikation als ihre Aufgabe und strategische Ausrichtung ansehen.

Teil der Entwicklung der Hochschulkommunikation ist somit auch, dass sich die Aufgaben der Hochschulkommunikation in den vergangenen Jahren sehr diversifiziert haben. Sie gehen längst weit über die einer „klassischen Pressestelle" hinaus, was sich auch in Umstrukturierungs- und in Folge dessen Umbenennungsprozessen (hin zu Kommunikationsabteilungen, Stabsstellen für Kommunikation und Marketing etc.) zeigt. Die Aufgabenbereiche der Hochschulkommunikation umfassen den gesamten Wissenstransfer und den Transfer der Leistungen der Mitglieder von Hochschulen und reichen mittlerweile von der Presse- und Öffentlichkeitsarbeit, der politischen Kommunikation, der Krisenkommunikation, der internen Kommunikation über das Forschungs- und Studierendenmarketing, das Corporate Publishing, das Veranstaltungsmanagement, die internationale Kommunikation und die Alumni-Arbeit bis hin zum Fundraising und zur Stiftungsarbeit. An vielen Hochschulen sind die Kommunikationsabteilungen längst eine, wenn nicht die zentrale Schnittstelle der Einrichtung zu Stadt, Region, Gesellschaft und einer Vielzahl weiterer Anspruchsgruppen.

3 Hochschulkommunikation – worüber reden wir eigentlich genau?

Rolle und Position der Abteilungen für Hochschulkommunikation werden von Kommunikationswissenschaftlern und Journalisten sowie in Hochschulen und Akademien (teilweise) kritisch thematisiert. Zur Diskussion stehen dabei auch Angaben über Größe, Ausstattung, Finanzierung, Art und Umfang der Arbeiten dieser Bereiche an Hochschulen. Als Bundesverband Hochschulkommunikation, dem Zusammenschluss der Kommunikationsverantwortlichen aller Hochschulen in Deutschland, standen wir vor ein paar Jahren an dem Punkt, dass wir eine verlässliche Datenbasis in Bezug auf diese Faktoren vermisst haben. Zwar gab es einige Studien zur

2

Hochschulkommunikation, aber diese zeigen – neben der Frage der bisherigen Aussagekraft der quantitativen Faktoren – Themen, zu denen es noch Forschungslücken gibt. Zudem gab es unserer Meinung nach vor allem eine Diskrepanz zwischen der Qualität dieser Daten und ihrer immensen Bedeutung für die Diskussion über Hochschulkommunikation.

Um diese Lücken zu schließen und um Aspekte aufzunehmen, die bis dahin noch nicht erhoben worden waren, initiierte der Bundesverband Hochschulkommunikation Ende 2014 eine Studie zu Aufgaben und den Strukturen sowie den Ressourcen von Hochschulkommunikationsabteilungen. Mit der Arbeitsgruppe von Prof. Dr. Annette Leßmöllmann, Leiterin der Abteilung Wissenschaftskommunikation am Karlsruher Institut für Technologie (KIT), konnten wir ausgewiesene Wissenschaftlerinnen und Wissenschaftler für die systematische und wissenschaftlich unabhängige Durchführung einer solchen Studie gewinnen. Die Ergebnisse ihrer Studie „Hochschulkommunikation erforschen: Berufsbilder, Akteursrollen, Spannungsfelder" (zwei Erhebungswellen) wurden im Juni 2017 veröffentlicht, damit liegen die bislang detailliertesten Daten zu Aufgaben, Umfang und Rollenverständnis der Hochschulkommunikation vor. Eine weitere Förderung der wissenschaftlichen Untersuchung erfolgt – auch seit Juni 2017 – durch die VolkswagenStiftung. Die weiteren Schwerpunkte „Hochschulkommunikation erforschen: Organisation von Hochschulkommunikation in Abhängigkeit von Hochschulformen" werden von den Karlsruher Kommunikationswissenschaftlerinnen in Kooperation mit PD Dr. Stefan Böschen (KIT, Institut für Technikfolgenabschätzung und Systemanalyse und RWTH Aachen) durchgeführt.

4 Werte und Qualität von Hochschulkommunikation

Wie bereits dargestellt, ist es Aufgabe der Kommunikation von Hochschulen, die Leistungen der Institution und ihrer Mitglieder in den Bereichen Forschung und Lehre sowie deren gesellschaftliche Relevanz zu kommunizieren. Der viel zitierte Wettbewerb, in dem Hochschulen stehen, sowie der Konkurrenz- und Legitimationsdruck (nicht nur) um öffentliche Mittel, Forschungsförderung und private Gelder sind in diesem Zusammenhang nicht neu. Hinzu kommt die bereits oben genannte öffentlichkeitswirksame, von außen gesteuerte Diversifizierung der Hochschullandschaft durch Wettbewerbe wie beispielsweise der Exzellenzinitiative und der

Exzellenzstrategie von Bund und Ländern. Im Wettbewerb ist Erfolg nicht mehr nur allein von Kreativität und wissenschaftlicher Leistung an sich abhängig, sondern zunehmend auch von der Wahrnehmung dieser Leistung und dem Vertrauen, das der Institution entgegengebracht wird. Universitäten muss es gelingen, mit ihrer Kommunikation Vertrauen zu schaffen, authentisch zu kommunizieren und – an passenden Stellen – Partizipation zu ermöglichen. Diese Prinzipien universitärer Kommunikation und die Gründe für Wissenschaftskommunikation gehen aber weit über den Gedanken des Wettbewerbs hinaus.

Durch das veränderte Verhalten der Akteure und Rezipienten in der Wissenschaftskommunikation ist zudem die Verantwortung der Wissenschaftskommunikation, und damit auch die der Hochschulen, gestiegen. Der – dringend benötigte – (Wissenschafts)Journalismus als kritischer Beobachter, Kommentator und bewertende und einordnende Instanz ist bereits schwächer geworden. Botschaften erreichen Zielgruppen nunmehr direkt. Hochschulen sollten in der Kommunikation ihren teilweise noch ausschließlich auf die eigene Institution fokussierten Blick in Richtung des Systems Wissenschaft insgesamt und die Grenzen von Institutionen übergreifende Ausrichtung auf Themen erweitern. Natürlich arbeiten die Kommunikationsabteilungen für ihre jeweilige Hochschule. Aber gerade bei wissenschaftlichen Themen sollte die Hochschulkommunikation über den Tellerrand schauen und auch andere, wissenschaftlich konträre Meinungen in Kooperation mit anderen Hochschulen und weiteren Wissenschaftseinrichtungen anbieten. Nur so kann ein wissenschaftlicher Diskurs der Themen angemessen abgebildet werden.

Bereits im Jahr 2013 formulierte der vom Bundesverband Hochschulkommunikation gemeinsam mit Wissenschaft im Dialog (WiD) initiierte Siggener Kreis aus diesem Grund Werte der Wissenschaftskommunikation, die für die Hochschulkommunikation ebenso wie für andere Bereiche der Wissenschaftskommunikation gelten sollten: Wahrhaftigkeit und Glaubwürdigkeit, Nutzen für die Gesellschaft, Transparenz, Offenheit der Wissenschaft für den aktiven Dialog mit der Gesellschaft, Selbstkritik und Veränderungsbereitschaft, Unabhängigkeit sowie die Kooperationsbereitschaft aller Akteure. Diese Werte, die ebenso Werte der Wissenschaft selbst sind, helfen dabei, der Verantwortung gerecht zu werden. Unter dem Stichwort Qualität in der Hochschulkommunikation sind beispielsweise neben der seit 1998 bestehenden „Initiative Qualität von Hochschulkommunikation" (IQ_HKom) des Bundesverbands Hochschulkommunikation, die aus dem Siggener Kreis hervorgegangenen „Leitlinien zur guten Wissenschafts-PR" zu nennen. Ziel des Bundesverbands Hochschulkommunikation und WiD bei der Entwicklung dieser Leitlinien war, so viele Akteure wie möglich zu beteiligen und damit die vielfältigen Initiativen zur Wissenschaftskommunikation der vergangenen Jahre zu bündeln – auch um dadurch eine Erhöhung der Durchsetzung und Akzeptanz der Leitlinien zu erreichen.

5 Organisation von Hochschulkommunikation

Die genannten Entwicklungen in der Hochschulkommunikation und auch die häufig angeführte Digitalisierung mit ihren unterschiedlichen Herausforderungen führen dazu, dass Hochschulen offen und anpassungsfähig auf diese Entwicklungen reagieren müssen. Wie bereits von Leßmöllmann/Hauser/Schwetje definiert (2017) bezieht sich die Organisation von Hochschulkommunikation sowohl auf die Position von Kommunikationsabteilungen innerhalb der Hochschule als auch auf die internen Prozesse und Strukturen innerhalb der Kommunikationsabteilungen. Mit Fokus auf diesen zweiten Aspekt, die internen Prozesse und Strukturen, stellen sich vielen Hochschulen zurzeit Fragen nach der bestmöglichen Organisation von Aufgaben, Abläufen und Verantwortlichkeiten ihrer Kommunikationsarbeit.

Kommunikationsabteilungen von Hochschulen befinden sich in einem Spannungsfeld zwischen (1) der Vielfalt der Bedürfnisse ihrer Anspruchsgruppen, (2) bestehenden, lange gewachsenen Strukturen sowie dem Wissen darum, dass manche Abläufe anders organisiert und zeitgemäßer erfolgen könnten sowie (3) der bestehenden und der dazu häufig im Gegensatz stehenden objektiv angemessenen Ressourcenausstattung. Dabei ist wichtig, sich zu verdeutlichen, dass es DIE Hochschulkommunikation und DIE Hochschulkommunikationsabteilung nicht gibt (vgl. Leßmöllmann/Hauser/Schwetje (2017), S. 48). Zu unterschiedlich sind bereits jetzt Art, Umfang und Selbst- und Fremdverständnis von Strategien und Maßnahmen in der Hochschulkommunikation. Kombiniert mit den zudem sehr unterschiedlichen Hochschul-Typen, deren Größe und den nicht vergleichbaren zur Verfügung stehenden Ressourcen lässt sich schnell nachvollziehen, dass auch die Organisation der internen Strukturen und Prozesse von Hochschulkommunikation zurzeit kein einheitliches Bild ergibt. So gibt es einige Hochschulen – insbesondere mittelgroße und große Universitäten – mit einer professionellen Ausstattung und Ausrichtung, die den Erwartungen an sie und den stark ausgeweiteten Aufgaben entsprechen. An der Mehrzahl der Hochschulen, insbesondere an kleinen Universitäten oder Hochschulen für angewandte Wissenschaft, muss das weite Aufgabenspektrum von sehr wenigen Personen (oder teilweise sogar nur einer Mitarbeiterin in Personalunion) bearbeitet werden (vgl. Leßmöllmann/Hauser/Schwetje (2017)).

Um die Hochschulen bei diesen aktuell für sie sehr relevanten Organisationsfragen zu unterstützen, führen der Bundesverband Hochschulkommunikation und die Organisationsberatung PricewaterhouseCoopers (PwC) seit August 2017 ein gemeinsames Projekt zur Organisationsentwicklung von Hochschulkommunikation durch. Anhand ausgewählter Hochschulen werden die „Herausforderungen der Digitalisierung für Kommunikations- und Abteilungsstrukturen" analysiert. Auch weil im Hochschulbereich neue Aufgaben nicht unbedingt neue Personalstellen zur Folge haben, gilt es, den optimalen Einsatz bestehender Ressourcen zu ermitteln. Zudem wird die Kommunikationsstrategie von Hochschulen mit Blick auf die Frage „passt die Struktur zur Strategie" (und vice versa) analysiert. Innerhalb des Projektes sollen Organisationsformen und Strukturen entwickelt werden, die es erlauben, die Vielfalt an Informationen und Kanälen, die Geschwindigkeit von Online-Kommunikation und viele weitere Anforderungen umsetzen zu können und dabei handlungsfähig zu bleiben. Aus der Analyse der unterschiedlichen Beispielhochschulen soll ein „Baukastensystem" mit Empfehlungen für die Gesamtheit der Hochschulen entwickelt werden – die oben genannten unterschiedlichen Hochschultypen, Selbst- und Fremdverständnisse sowie Ressourcen immer im Blick habend. Die Ergebnisse des Projektes werden für Ende 2018 erwartet. Synergieeffekte erhoffen wir uns auch zwischen diesem Projekt und der Weiterführung des Forschungsprojektes von Leßmöllmann et al. zu Organisationsstrukturen von Hochschulen (vgl. 3.).

6 Hochschulkommunikation – wie geht es weiter?

Die Hochschulkommunikation ist etabliert. Nicht nur an den Hochschulen selbst, sondern auch bei den internen und externen Anspruchsgruppen der Hochschulen. Dies bedeutet aber nicht, dass sie stillstehen wird. Im Gegenteil, die Hochschulkommunikation gehört zu denjenigen Strategie- und Tätigkeitsbereichen an Hochschulen, die besonders flexibel, offen für Veränderungen und gleichzeitig verlässlich sein müssen.

Die Hochschulkommunikation hat sich in den vergangenen Jahren stark professionalisiert. Dies bedeutet aber nicht, dass sie bereits an jeder Hochschule den Anforderungen an sie gereicht wird. Dafür benötigt sie weiterhin einen Fokus auf ihre Bedeutung und Relevanz, was im Umkehrschluss auch ein Bewusstsein dafür beinhaltet, welche negativen Folgen es für Hochschulen haben kann, wenn sie nicht professionell kommunizieren. Und dafür benötigt die Hochschulkommunikation ihren Aufgaben und ihrer Bedeutung entsprechende angemessene und realistische Ressourcen.

Die Hochschulkommunikation ist strategisch geworden. Dies bedeutet aber nicht, dass es auf dem eingeschlagenen Weg, die Strategiefähigkeit der Hochschulen zu entwickeln und die Hochschulkommunikation entsprechend ihrer Bedeutung für diese Strategiefähigkeit zu stärken, nicht weitergehen muss. Angesichts der Vielfalt der Hochschulen und der Hochschultypen sollte diese Entwicklung noch mehr in der Breite ankommen.

Die Hochschulkommunikation findet (wissenschafts-)politische Beachtung. Dies bedeutet aber nicht, dass sie sich in diesem Bereich nicht noch mehr einbringen möchte und kann. Die Bestellung von Vertreterinnen und Vertretern der Hochschulen und der Hochschulkommunikation als Experten bei der Anhörung im Deutschen Bundestag zum Thema „Stand und Perspektiven der Wissenschaftskommunikation" (2015), die Einbindung von Vertreterinnen der Hochschulkommunikation in die Neudefinition des Transferverständnisses des Wissenschaftsrates („Wissens- und Technologietransfer als Gegenstand institutioneller Strategien") und die darin erfolgte Formulierung von Wissenschaftskommunikation als eine von drei zentralen Säulen des Transferbegriffes (Wissenschaftsrat 2016, S. 21) sowie die Beteiligung von Hochschulkommunikatorinnen und Hochschulkommunikatoren an vielfältigen Institutionen und Projekten wie beispielsweise dem Science Media Center (SMC) und der Plattform „wissenschaftskommunikation.de" zeigen allerdings, wie sehr sich die Hochschulkommunikation in den vergangenen zwei Jahrzehnten weiterentwickelt hat.

Literatur

Bundesverband Hochschulkommunikation/Wissenschaft im Dialog/Siggener Kreis (2016): „Leitlinien zur guten Wissenschafts-PR". Download unter: http://www.bundesverband-hochschulkommunikation.de/verband/siggener-kreis/

Leßmöllmann, Annette/Hauser, Christiane/Schwetje, Thorsten (2017): Hochschulkommunikation erforschen. Hochschulkommunikatoren als Akteure: Ergebnisse einer Online-Befragung – 1. Welle

Schwetje, Thorsten/Hauser, Christiane/ Leßmöllmann, Annette (2017): Hochschulkommunikation erforschen. Hochschulkommunikatoren als Akteure: Ergebnisse einer Online-Befragung – 2. Welle, Download unter: https://www.geistsoz.kit.edu/germanistik/downloads/Zwischenbericht%20Hochsc hulkommunikation-%20erforschen%201.%20Welle%20Leßmöllmann%20Hauser%20Schwetje.pdf

Wandt, Julia (2015): Stellungnahme zum Öffentlichen Fachgespräch zum Thema „Stand und Perspektiven der Wissenschaftskommunikation". Deutscher Bundestag. Mittwoch, 14. Oktober 2015. Download unter: https://www.bundestag.de/blob/391554/e372be1517339fb0c4863468bff5b219/ste llungnahme_wandt-data.pdf

Wissenschaftsrat (2016): Wissens- und Technologietransfer als Gegenstand institutioneller Strategien. Positionspapier. Download unter: https://www.wissenschaftsrat.de/download/archiv/5665-16.pdf

> ➤ Zur Autorin: *Julia Wandt* ist Leiterin der Stabsstelle Kommunikation und Marketing und Pressesprecherin der Universität Konstanz sowie Vorsitzende des Bundesverbandes Hochschulkommunikation e.V.

Studierfähigkeit in der Studieneingangsphase entwickeln. Praxisbeispiele, Forschungsergebnisse und Konsequenzen für die Lehre

Marianne Merkt

Hochschule Magdeburg-Stendal

1 Einleitung

Die Studieneingangsphase ist eine kritische Übergangsphase in die für Studienanfänger/innen neue akademische Kultur der Hochschule hinein. Im ersten Studienjahr entscheidet sich für die meisten Studierenden, ob sie weiter studieren, sich für ein anderes Studium entscheiden oder das Studium abbrechen (Heublein et al. 2017). Aktuell wird der Aspekt der Studierfähigkeit vor allem im Kontext der BMBF-Förderung des Qualitätspakts Lehre[1] intensiv in Projekten didaktisch bearbeitet und in der BMBF-Begleitforschung zum Qualitätspakt Lehre[2] beforscht. Üblicherweise versteht man unter Studierfähigkeit, dass die Studierenden nach entsprechender Vorbereitung durch die gymnasiale Oberstufe in der Lage sind, in Ansätzen wissenschaftlich zu arbeiten und zu denken und sich ein Studium und ihre Lernprozesse selbstständig zu organisieren. Studierfähigkeit wird dabei als formal in der Oberstufe erworbene Kompetenz verstanden (Klomfaß 2011). Neuere Forschungsergebnisse, die auf der Forschung zur

---

[1] Das Bund-Länderprogramm Qualitätspakt Lehre (QPL) des Bundesministeriums für Bildung und Wissenschaft (BMBF) mit Laufzeit von 2011 bis 2020 ist mit einem Volumen von insgesamt zwei Milliarden Euro ausgestattet. Verfügbar unter: https://www.qualitaetspakt-lehre.de/. Abgerufen am 17.07.2018.

[2] Im Förderprogramm Begleitforschung zum Qualitätspakt Lehre mit Laufzeit von 2014 bis 2018 werden in 16 Forschungsvorhaben die drei fachlichen Cluster Lehr-/Lernformen, Studieneingangsphase und Hochschulsteuerung in Qualitätspakt Lehre-Projekten untersucht. Verfügbar unter: https://www.qualitaetspakt-lehre.de/de/begleitforschung-zum-qualitatspakt-lehre-1677.php. Abgerufen am: 17.07.2018.

Sozialisation von Studierenden aus den 1980er Jahren (z.B. Huber et al. 1983, Engler & Friebertshäuser 1989) aufbauen, konstruieren die Studierfähigkeit theoretisch als einen dynamischen interaktiven Entwicklungs- und Sozialisationsprozess, der aus den heterogenen Eingangsvoraussetzungen und Bildungserfahrungen der Studierenden und den Studien- und Lehr-Lernbedingungen der jeweiligen konkreten Hochschule entsteht und je nach Konstellation unterschiedlich verläuft (vgl. Merkt 2017; Merkt & Fredrich 2017; Schubarth et al. 2018; Bosse & Trautwein 2014; Bosse et al. 2013).

Der Prozess kann aus der Perspektive der Studierenden in vier Phasen beschrieben werden, erstens, der Ankunft in der Hochschule, die eher von positiven Erwartungen der Studierenden geprägt ist, zweitens einer Konfliktphase, in der die Studierenden sich mit unerwarteten Erwartungen und Anforderungen konfrontiert sehen, drittens der anschließenden Phase der Entscheidung, in der den Studierenden entweder die Integration dieser Diskrepanzen zwischen ihren Vorstellungen und den institutionellen Erwartungen gelingt (van den Berk & Han Tan 2013) oder sie sich zum Abbruch entschließen und die Hochschule verlassen. Wird die dritte Phase erfolgreich durchlaufen, dann ist die Wahrscheinlichkeit hoch, dass die Studierenden auch das Studium erfolgreich abschließen.

2 Wie hat sich die Studieneingangsphase verändert?

Ein wesentlicher Anlass der Aufmerksamkeit auf die Studieneingangsphase liegt in den Folgen der Umstellung der Studiengänge auf die Bologna-Strukturen sowie in veränderten bildungspolitisch motivierten Rahmenbedingungen. Durch die Verdichtung der Studienzeit auf ein dreijähriges Bachelorsystem mit anschließender Option auf ein Masterstudium und durch die Einführung eines studienbegleitenden Prüfungssystems konzentriert sich die prekäre Phase des Übergangs in die Hochschule auf das erste Studienjahr. Studienanfänger/innen haben im Bachelorsystem kaum Zeit, sich in die Studien- und Prüfungskultur einzufinden, bevor die ersten abschlussrelevanten Prüfungen anstehen. Hinzu kommt eine Diversifizierung der Bildungsverläufe und Vorkenntnisse von Studienanfänger/innen durch

- die Verkürzung der Schulzeit bis zum Abitur von 13 auf 12 Schuljahre

- bildungspolitische Entscheidungen wie beispielsweise mehr Allgemeinbildung und weniger vertiefte Bildung in der Oberstufe, z.B. in Mathematik

- das Anwachsen des Anteils an Studienanfänger/innen eines Geburtenjahrgangs auf knapp 50% und

- die Öffnung des Hochschulzugangs z.B. für Fachoberschüler/innen, für ein Studium nach der Berufsausbildung oder einer Elternphase oder durch die Aufnahme von mehr internationalen Studierenden.

Die Hochschulen haben Schwierigkeiten, sich auf diese veränderten Rahmenbedingungen einzustellen, sowohl, weil die finanzielle Grundausstattung für die Lehre zu knapp bemessen ist, aber auch, weil die Erwartungen der Lehrenden, die sie an Studierende stellen, andere sind und sie meist nicht die hochschuldidaktischen Kompetenzen mitbringen, die sie brauchen, um mit diesen Anforderungen angemessen umgehen zu können. Der Aspekt der Erwartungen wird besonders deutlich in einer Studie, die vom Gemeinnützigen Centrum für Hochschulentwicklung der Bertelsmannstiftung, dem CHE, zur Diversität von Studierendentypen durchgeführt wurde (Berthold & Leichsenring 2012). Lehrende an Hochschulen erwarten am ehesten, dass ihre Studierenden dem Typus des Traumkandidaten, bzw. der Traumkandidatin entsprechen. Der Typisierung der QUEST-Studie[3] entsprechend sind das Studierende, die eine positive Gemütsverfassung und eine hohe Identifikation mit der Hochschule mitbringen, zielstrebig und theoriebezogen sind, eher extrovertiert veranlagt sind, sich sozial gut integrieren können und angebotene Unterstützung gut annehmen können.

---

3 Die erste QUEST-Befragung wurde 2010 und 2011 von der CHE Consult bei 24.000 Studierenden in Deutschland durchgeführt. Verfügbar unter: https://www.che-consult.de/services/quest/. Abgerufen am: 16.07.2018.

Die Studie zeigt jedoch auch, dass dieser Typus von Studierenden nur zu knapp 14% in der Studie repräsentiert ist. Meist kommen die Traumkandidat/innen aus einem akademischen Elternhaus, sind entsprechend sozialisiert und können auf eine gesicherte Finanzierung des Studiums zurückgreifen. 86% der Studierenden in der Studie verteilen sich auf die sieben weiteren Studierendentypen der Lonesome Riders, der Ernüchterten, der Pragmatiker/innen, der Pflichtbewussten, der Mitschwimmer/innen, der Nicht-Angekommenen sowie der Unterstützungsbedürftigen. Auch wenn die Typenbezeichnungen der Studie etwas holzschnittartig geraten sind, so illustrieren die Beschreibungen der einzelnen Typen jedoch gut, welche Schwierigkeiten die Studierenden im Studium erleben und wie diese mit ihrer Ressourcenausstattung zusammen hängen (ebda., S. 4f.). Dem theoretischen Konstrukt der Studierfähigkeit entsprechend ist zur CHE-Studie kritisch anzumerken, dass die Typisierungen nicht als statische Persönlichkeitsmerkmale der Studierenden verstanden werden dürfen, wie die Studie suggerieren könnte, sondern das Ergebnis eines dynamischen interaktiven Sozialisationsprozesses sind, an dem die Hochschulen aufgrund der Gestaltung ihrer Studienbedingungen und ihrer gelebten Kultur in der Lehre einen wesentlichen Einfluss haben.

3 Was sagen die Forschungsergebnisse zur Studierfähigkeit

In den letzten vier Jahren war die Studierfähigkeit Gegenstand in den zwei größeren Forschungsvorhaben StuFHE und StuFo[4] und einem kleineren Teilforschungsprojekt „Studierfähigkeit in Weiterbildungsstudiengängen"[5]. Im Projekt „Studierfähigkeit - institutionelle Förderung und stu-

---

4 Das Projekt „Studierfähigkeit - institutionelle Förderung und studienrelevante Heterogenität" (StuFHE) und das Projekt „Studieneingangsphase als formative Phase für den Studienerfolg" (StuFo) sind im BMBF-Förderprogramm „Begleitforschung zum Qualitätspakt Lehre" angesiedelt, in dem von 2014 bis 2018 sechzehn Forschungsvorhaben zu Qualitätspakt Lehre-Projekten gefördert werden. Verfügbar unter: https://www.wihoforschung.de/de/begleitforschung-zum-qualitaetspakt-lehre-598.php. Abgerufen am: 16.07.2018.

5 Das Forschungsprojekt „Studierfähigkeit in Weiterbildungsstudiengängen" war von 2014 bis 2018 ein Teilvorhaben im Projekt „Weiterbildungscampus

dienrelevante Heterogenität" (StuFHe) wurde untersucht, wie sich die Studierfähigkeit im Laufe des Studiums entwickelt und welche Rolle institutionelle Maßnahmen in Interaktion mit den heterogenen Eingangsvoraussetzungen, Kompetenzen und Studienzielen der Studierenden darauf haben (Bosse 2018). Das Projekt StuFo war auf die Frage fokussiert, wie die Studieneingangsphase als formative Phase den Studienerfolg beeinflusst (Schubart et al. 2018). Im Projekt „Studierfähigkeit in Weiterbildungsstudiengängen" wurde aus der Perspektive der Weiterbildungsstudierenden untersucht, wie der Prozess der Integration in die, bzw. der Aneignung der akademischen Kultur in der Studieneingangsphase verläuft und welchen Einfluss die Bildungsorientierungen der Studierenden darauf haben (Merkt & Kerner auch Körner im Druck). Zusammenfassend lässt sich feststellen, dass der Studienstart eine Reihe von akademischen Herausforderungen umfasst, die sowohl inhaltliche als auch personale und organisatorische Facetten haben, die in Verkettungen auftreten. Je nach Bildungsvorerfahrungen und Bildungsorientierungen, die herkunftsbedingt und sozialisiert sind, nehmen die Studierenden die Anforderungen unterschiedlich wahr. Ebenso bringen sie keine bis unterschiedlich ausgeprägte Strategien mit, diese Anforderungen souverän zu bewältigen. Das sind beispielsweise auf das eigene Lernen bezogene Strategien oder der Umgang mit Konflikten, die aus der Vereinbarkeit der Studienanforderungen mit außerhochschulischen Lebensbereichen entstehen oder der Umgang mit Stresssituationen vor Prüfungen, bzw. mit Misserfolgen in Prüfungen. Der Studienerfolg im ersten Studienjahr hängt deshalb wesentlich davon ab, ob die Studierenden darin unterstützt werden, sich ihrer Strategien und Bildungsorientierungen bewusst zu werden, bzw. zu erkennen, welche Strategien erfolgreich sind und entsprechend selbst adäquate Orientierungen und Herangehensweisen zu entwickeln. Dafür sind weniger die kognitiv orientierten Maßnahmen hilfreich, die darauf zielen, Eingangsvoraussetzungen wie Mathematikkenntnisse oder wissenschaftliches Schreiben aufzubauen. Vielmehr stehen das Gelingen von Kontakt-

Magdeburg", welches im BMBF-Förderprogramm „Offene Hochschule: Aufstieg durch Bildung" angesiedelt ist. Verfügbar unter: https://www.hs-magdeburg.de/hochschule/einrichtungen/zhh/angewandte-hochschulforschung.html. Abgerufen am: 16.07.2018.

aufbau, von Kommunikation und Kooperation mit Peers und Lehrenden im Studiengang, also die soziale Dimension als wichtigste Ressource für das Erlernen des souveränen Umgangs mit den vielfältigen Anforderungen im Vordergrund der Studieneingangsphase (Schubart et al. 2018). Die soziale Dimension muss jedoch ausgerichtet bleiben auf die institutionellen und individuellen Studienziele, auf die Fachlichkeit und die Wissenschaftlichkeit, damit sie nicht inhaltsleer und bedeutungslos wird (Bosse 2018; Schubart et al. 2018; Merkt & Kerner auch Körner im Druck).

4 Wie reagieren die Hochschulen darauf?

So ist es auch nachvollziehbar, dass sich ein erheblicher Anteil der Entwicklungsprojekte an Hochschulen, die im Kontext des Qualitätspakts Lehre gefördert werden, auf die Entwicklung dieser kritischen Phase im Studium bezieht. In der Projektdatenbank des Bundesministeriums für Bildung und Forschung (BMBF)[6] sind unter dem Stichwort Studieneingangsphase 110 Projekte für die erste, und 127 Projekte für die zweiten Förderphase von insgesamt 253 Projekten der im Qualitätspakt Lehre geförderten 186 (erste Förderphase des Qualitätspakt Lehre), bzw. 156 (zweite Förderphase des Qualitätspakt Lehre) Hochschulprojekte gelistet. Im Projekt StuFHe wurden die Maßnahmen der Qualitätspakt Lehre-Projekte nach Angebotstyp hinsichtlich ihrer Funktion in der Studieneingangsphase systematisiert (Bosse 2016). Der Schwerpunkt der Maßnahmen liegt auf der Vermittlung überfachlicher Kompetenzen und wissenschaftlicher Arbeitsweisen, gefolgt von der Begleitung im Studieneinstiegsprozess. Die darauf folgenden Angebotstypen sind die Anwendung von Studieninhalten, die Anleitung zum Selbststudium und die Einführung in Hochschule und Studium. Als hochschuldidaktische Formate werden mit Abstand mit über 70% am häufigsten Tutoring- und Mentoring-Programme und Beratungsverfahren genutzt. Die mit 30 – 40% Häufigkeit ebenfalls oft genutzte Gruppe von Formaten sind Brückenkurse, Vorkurse oder Propädeutika, gefolgt von (Self-)Assessments und (Zentralen) Anlaufstellen (ebda., S. 157). Auch im Projekt der Hochschulrektorenkonfe-

---

6 BMBF-Projektdatenbank   Qualitätspakt   Lehre.   Verfügbar   unter: http://www.qualitaetspakt-lehre.de/de/projekte-im-qualitatspakt-lehre-suchen-und-finden.php. Abgerufen am: 16.07.2018.

renz HRK-nexus[7] werden rund 100 Good Practice-Beispiele und Konzepte zum Studieneingang beschrieben. Einen Eindruck von der Vielfältigkeit der Thematik geben die folgenden Beispiele, die im Projekt HRK-nexus unter dem Stichwort Studieneingang auf der ersten Seite erscheinen:

- Best-Fit für mehr Studienerfolg
- Treten Sie ein...hier dürfen Sie reflektieren!
- Studienziele und Studieninformationen zielgruppengerecht darstellen
- Der StudiTrainer – Mentorengestütztes Programm zum Studieneinstieg für Hochschulneulinge
- Optes – Optimierung der Selbststudienphase
- Mobile Online Experiments: Wirtschaftsethische Dilemmata fühlbar machen
- StudFLEX – Das entschleunigte Studium
- Studienberatung IBIS: Individuell und zielgerichtet beraten

Anhand dieses systematisierten Überblicks lässt sich noch nicht beurteilen, inwiefern es im Rahmen dieser Formate gelingt, über die darin eingebetteten sozialen Aktivitäten die Studierenden in der Entwicklung ihrer Studierfähigkeit zu unterstützen. Da die genannten Forschungsvorhaben noch nicht abgeschlossen sind, liegen zur Wirkung der Maßnahmen zwar erste Hinweise, aber noch keine abschließenden Befunde vor. Es wird aber deutlich, dass die Hochschulen die Qualitätspakt Lehre Förderung genutzt haben, um für die Studieneingangsphase Maßnahmen zu entwickeln, die außerhalb des traditionellen, fachlich-inhaltlichen Bereichs der Curricula liegen.

5 Welche Konsequenzen können daraus für die Lehre gezogen werden?

Mit Blick auf die Qualität der Hochschullehre sind zwei Gestaltungsebenen relevant, die mikrodidaktische Ebene der individuellen Kompetenz-

---

7 HRK Nexus, Good Practices. Verfügbar unter: https://www.hrk-nexus.de/themen/studieneingangsphase/beispiele-und-konzepte/. Abgerufen am: 16.07.2018.

entwicklung von Lehrenden und die mesodidaktische Ebene der Gestaltung von Studienstrukturen. Auf der mikrodidaktischen Ebene geht es um ein hochschuldidaktisches Grundverständnis und Handwerkszeug mit Stichworten wie Lernerzentrierung, aktivierende Methoden, Anwendungsbezug, Theorie-Praxis-Transfer, Kompetenzorientierung oder Constructive Alignement. Die Entwicklung der Lehrkompetenz ist in jedem hochschuldidaktischen Weiterbildungsprogramm integriert und kann dort erlernt werden. Angebote an Hochschulen oder in landesweiten Netzwerken bestehen in Deutschland mittlerweile fast flächendeckend[8]. Die mesodidaktische Ebene, d.h. die strukturelle Gestaltung der Studieneingangsphase ist eine Frage der Studiengangsentwicklung und der Entwicklung von übergreifenden Maßnahmen der Studieneingangsphase, die eher von Studiengangsverantwortlichen in Kooperation mit der Hochschulleitung geleistet werden muss. Für die Gestaltung der Studieneingangsphase auf dieser Ebene liegen nun zum Ende der Qualitätspakt Lehre-Förderung wesentlich konkretere Konzepte und Anregungen sowie Hinweise aus den begleitenden Forschungsvorhaben vor. Zusammenfassend kann festgestellt werden, dass in dieser Phase die soziale Dimension besonders relevant ist. Infolge der zunehmenden Heterogenität der Studierenden reicht es für das erste Studienjahr nicht mehr, den Lehrplan des Studiengangs zu erstellen, die Lehrenden auf die Inhalte des Studiums in Vorlesungs- und Seminarform zu verteilen und sie am Ende des Semesters die Modulprüfungen durchführen zu lassen. Studienanfänger/innen brauchen Gelegenheitsfenster und Angebote, die den Kontaktaufbau, die Kommunikation und die Kooperation mit den Mitstudierenden und den Lehrenden ermöglichen und ihnen dadurch die Chance geben, sich aktiv mit den institutionellen Erwartungen und Bildungszielen auseinanderzusetzen. Das heißt auch, dass sie ihre individuellen Studienziele und Bildungsorientierungen daraufhin prüfen müssen, ob ihnen die Integration der Unterschiede sinnvoll erscheint oder sie für sich lieber Alternativen prüfen sollten.

---

8 Vgl. dghd-Hochschuldidaktik-Karte. Verfügbar unter: https://www.dghd.de/praxis/hochschuldidaktik-landkarte/. Abgerufen am: 16.07.2018.

Literatur

Berthold, C. & Leichsenring, H. (2012) (Hrsg.) *Diversity-Report. A3 Die QUEST Stuierendentypen.* Gütersloh: CHE Consult GmbH.

Bosse, E. (2018). Projekt StuFHe: Entwicklung studienrelevanter Kompetenzen im Zusammenspiel mit Studieneinstiegsangeboten. In A. Hanft, F. Bischoff & S. Kretschmer (Hrsg.), *1. Auswertungsworkshop der Begleitforschung. Dokumentation der Projektbeiträge. Koordinierungsstelle der Begleitforschung des Qualitätspakts Lehre* (S. 41-50). Oldenburg: Carl von Ossietzky Universität.

Bosse, E. (2016). Herausforderungen und Unterstützung für gelingendes Studieren: Studienanforderungen und Angebote für den Studieneinstieg. In I. van den Berk, K. Petersen, K. Schultes & K. Stolz (Hrsg.), *Studierfähigkeit – theoretische Erkenntnisse, empirische Befunde und praktische Perspektiven* (Universitätskolleg-Schriften Bd. 15, S. 129-169). Hamburg: Universität Hamburg. Verfügbar unter: https://www.universitaetskolleg.uni-hamburg.de/publikationen/uk-schriften-015.pdf. Abgerufen am: 17.07.2018.

Bosse, E., Trautwein, C. & Schultes, K. (2013). Studierfähigkeit: Theoretischer Rahmen. *Universität Hamburg: Kolleg-Bote, 4,* 1-4. Verfügbar unter: https://www.universitaetskolleg.uni-hamburg.de/publikationen/kolleg-bote-004.pdf. Abgerufen am: 17.07.2018.

Bosse, E. & Trautwein, C. (2014). Individuelle und institutionelle Herausforderungen der Studieneingangsphase. *Zeitschrift für Hochschulentwicklung, 9*(5), 41 – 62. Verfügbar unter: https://www.zfhe.at/index.php/zfhe/article/view/765. Abgerufen am: 17.07.2018.

Engler, S. & Friebertshäuser, B. (1989). Statuspassage Hochschule im Kontext gesellschaftlicher Reproduktion. *Hochschulausbildung. Zeitschrift für Hochschuldidaktik und Hochschulforschung, 7* (3), 131-153.

Heublein, U., Ebert, J., Hutzsch, C., Isleib, S., König, R., Richter, J. et al. (2017). *Zwischen Studienerwartungen und Studienwirklichkeit. Ursachen des Studienabbruchs, beruflicher Verbleib der Studienabbrecherinnen und Studienabbrecher und Entwicklung der Studienabbruchquote an deutschen Hochschulen.* Forum Hochschule 1/2017. Hannover: DZHW. Verfügbar unter: https://www.dzhw.eu/pdf/pub_fh/fh-201701.pdf. Abgerufen am: 18.07.2018.

Huber, L., Liebau, E. & Schütte, W. (1983). Fachcode und studentische Kultur. Zur Erforschung der Habitusausbildung in der Hochschule. In E. Becker (Hrsg.), *Reflexionsprobleme der Hochschulforschung. Beiträge zur Theorie- und Methodendiskussion* (S. 144-170). Weinheim: Beltz Verlag.

Klomfaß, S. (2011). *Hochschulzugang und Bologna-Prozess: Bildungsreform am Übergang von der Universität zum Gymnasium.* Wiesbaden: VS Verlag.

Merkt, M. (2017). Der Erwerb der Studierfähigkeit als Sozialisationsprozess – ein Beitrag zur Hochschulbildungsforschung. In W.D. Webler & H. Jung-Paarmann (Hrsg.), *Zwischen Wissenschaftsforschung, Wissenschaftspropädeutik und Hochschulpolitik. Hochschuldidaktik als lebendige Werkstatt* (S. 129-146). Bielefeld: UniversitätsVerlagWebler.

Merkt, M. & Fredrich, H. (2017). Studierfähigkeit – der Blick aus dem Magdeburger Schwesterprojekt: Studierfähigkeit in Weiterbildungsstudiengängen. In I. van den Berk, K. Petersen, K. Schultes & K. Stolz (Hrsg.). *Studierfähigkeit – theoretische Erkenntnisse, empirische Befunde und praktische Perspektiven* (Universitätskolleg-Schriften Bd. 15, S. 171-189). Hamburg: Universität Hamburg. Verfügbar unter: https://www.universitaetskolleg.uni-hamburg.de/publikationen/uk-schriften-015.pdf. Abgerufen am: 17.07.2018

Merkt, M. & Kerner auch Körner, J. (im Druck). Orientierungen und Studierfähigkeit. In: C. Damm et al. (Hrsg.), *Hochschulweiterbildung durch Forschung verstehen und gestalten.* Bielefeld: W. Bertelsmann Verlag.

Schubarth, W., Wagner, L., Mauermeister, S., Berndt, S., Erdmann, M., Schmidt, U. et al. (2018). Verbundprojekt StuFo: Der Studieneingang als formative Phase für den Studienerfolg. Analysen zur Wirksamkeit von Interventionen. Erste Befunde und Empfehlungen. In A. Hanft, F. Bischoff & S. Kretschmer (Hrsg.), *2. Auswertungsworkshop der Begleitforschung. Dokumentation der Projektbeiträge. Koordinierungsstelle der Begleitforschung des Qualitätspakts Lehre* (S. 5-14). Oldenburg: Carl von Ossietzky Universität.

van den Berk, I. & Han Tan, W. (2013). *Das wissenschaftlich-akademische ePortfolio in der Studieneingangsphase* (Vortrag). GMW-Jahrestagung 05.09.2013.

> ➢ Zur Autorin: *Prof. Dr. Marianne Merkt* ist Inhaberin einer Professur für Hochschuldidaktik und Wissensmanagement an der Hochschule Magdeburg-Stendal, zugleich Leiterin des Zentrums für Hochschuldidaktik und angewandte Hochschulforschung an dieser Hochschule, Vorstandsvorsitzende der Deutschen Gesellschaft für Hochschuldidaktik sowie Mitglied im Memberboard des International Consortium for Educational Development.

Wie die moderne Kommunikation das Lehren, Lernen und die Zusammenarbeit an der Hochschule verändert

Ulf-Daniel Ehlers

Duale Hochschule Baden-Württemberg

1 Einleitung

Prognosen sind bekanntlich schwierig, vor allem, wenn sie die Zukunft betreffen. Das gilt auch für die Zukunft der Hochschule. Trotzdem ist es ein Thema, was immer wieder zu Konferenzen und Workshops inspiriert, meistens nicht so sehr, um nachzudenken, was sich ändern wird, sondern vor allem, was sich ändern *sollte*. Eines wird dabei durchweg deutlich, so weitegehend und kontrovers die Diskussionen auch sein mögen: Die Universität ist nicht am Ende. Wir müssen keinen Abschied feiern.

Sie ist in der Kritik und Begriffe wie ‚Bildung neu denken' und Digitalisierung spielen dabei wechselnde Rollen zwischen Begleiter und Treiber. Als die wichtigste gesellschaftliche Institution Europas kann sie sich behaupten (Rüegg, 1993). Ihr Ideal mag in Gefahr sein – das der *Universitas* (eigentlich *universitas magistrorum et scholarium*), als Gemeinschaft von Lehrenden und Lernenden, die gemeinsamen Grundzielen verschrieben ist. Interessant ist es, sich die derzeit führenden Treiber der Entwicklung und den Wandlungsdruck, dem die Universitäten ausgesetzt sind, vor Augen zu führen: es sind insbesondere zwei Entwicklungen, die hierbei hervorstechen, zum einen der enorm gestiegene Stellenwert von höherer Bildung in einer Bildungsgesellschaft, und zum anderen die Digitalisierung. Beides sind die Determinanten an denen sich die Zukunft der Hochschule ausrichtet.

Aber die Hochschule steht in der Kritik, das ist unüberhörbar, bspw. im Rahmen der Kritik am Bolognaprozess: So sei bereits eine starke „Verschulung" der neuen Studiengänge zu erkennen. Einige Kritiker sehen in den Reformen das endgültige Ende der humboldtschen Universität, der damit verbundenen Idee von Bildung und damit das „Ende einer Lebensform" (Seibt, 2007). Auch die zunehmende ‚Separierung von Forschung und Lehre' und die Ersetzung von ‚Innensteuerung' (Interesse an Inhalten) durch ‚Außensteuerung' (scheinorientiertes – d.h. an Leistungsnachweisen – Studium unter Zeitdruck) wird angeführt. Das bildungspolitische Ringen um den richtigen Weg zur Reform von Bildung, in Schule und Hochschule zeigt sich auch in bildungspolitischen Paradoxien: Aus der Erkenntnis, dass Bildung immer wichtiger wird, wird der Schluss gezogen, dass ein verkürztes zwölfjähriges Abitur ausreiche und auch die Studienzeiten verkürzt werden müssten. Den Wunsch nach mehr Bildungsgerechtigkeit und mehr Hochschulabsolventen kombinierte man mit der Einführung von Studiengebühren. Größere wissenschaftliche Kompetenz versprach man sich von der Ausrichtung der Universitäten auf Drittmittelorientierung. Die Hochschule scheint derzeit allein, umringt von Reformern.

Doch lehrt uns die Geschichte, dass Entwicklung nicht zurück zu dem alten Zustand führen (sollte), sondern, dass ein neuer Zustand, der in einer Verbindung der Tradition und des Eingeübten, mit der neuen Möglichkeit liegt, anzustreben ist. Wie kann das für die heutige und die zukünftige Hochschule aussehen? Meine These ist, dass die erhöhte Bildungsbeteiligung und die Digitalisierung zu tiefgreifenden Änderungen der Konzeption der modernen Hochschule führen werden. Diese beiden Themenstellungen möchte ich im zweiten Abschnitt ausführlich diskutieren, auch und vor allem in ihren Auswirkungen auf die akademische Bildung. In Abschnitt 3 werde ich die Determinanten des Wandels der Hochschule beschreiben und im vierten Abschnitt konkrete mögliche Konzepte skizzieren, mit denen Universitäten auf die neuen Herausforderungen reagieren können.

2 Neue Herausforderungen für die Hochschule der Zukunft

Die Zukunft der Hochschule spannt sich wie ein Horizont. Luhmann (Luhmann, 1976) beschreibt, dass in allen sozialen Systeme Erwartungen gebildet werden, die maßgeblich sind dafür, wie sich das System, auch die Hochschule, in seinen Operationen auf die Zukunft ausrichtet. Daher ist es wichtig, für die Zukunft der Hochschule auch die Situation innerhalb der Hochschule und die Erwartungen ihrer Akteure mit einzubeziehen. Niklas Luhmann (ebenda) unterscheidet in diesem Zusammenhang zwei Aspekte, nämlich *gegenwärtige Zukünfte* – also Projektionen, etwa in Gestalt von Utopien – und *zukünftige Gegenwarten* in Gestalt von technologischen

Orientierungen, kausalen oder stochastischen Verbindungen zukünftiger Ereignisse. Diese Skizze versteht sich eher als ein Beitrag einer zukünftigen Gegenwart. Die Hochschule der Zukunft wird sich in Organisationsstruktur und Arbeitsweise ändern müssen, will sie den geänderten Rahmenbedingungen einer Gesellschaft Rechnung tragen, in der akademischen Bildung die normalbiografische Erfahrung der Mehrheit einer Alterskohorte ist. Der Megatrend der gesellschaftlichen Entwicklung hin zu einer Bildungsgesellschaft mit all ihren Erscheinungsformen wird durch einen zweiten gesamtgesellschaftlichen Megatrend verstärkt, den der Digitalisierung. In beiden Entwicklungen sind eine Reihe von Ursache-Wirkungsbündeln enthalten, die in ihren Auswirkungen starken Einfluss auf die Entwicklung der Hochschule der Zukunft nehmen.

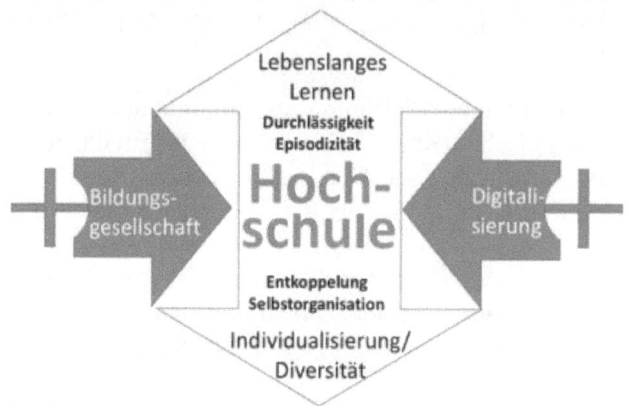

Abb. 1: Einflussfaktoren auf die Hochschule.

a) Herausforderung 1: Bildungsgesellschaft

Universitäre Bildung war immer begehrt, aber nie so offen zugänglich wie derzeit. War die erst Hochschulausbildung im Bologna des 11. Jahrhunderts noch sehr auf die gesellschaftlichen Eliten ausgerichtet und hoch selektiv im Zugang für nur sehr privilegierte Zielgruppen, so ist durch die Bedarfe der industrialisierten Gesellschaft ausgelöst, ein wahrer Feldzug der Massenhochschulen eingetreten. Hochschulbildung zu erlangen wird heute zur Normalbiografie und Standarderfahrung (OECD, 2016). Auch in

Deutschland studieren mittlerweile mehr als 50% einer Alterskohorte. Die Quote der Studienberechtigten stieg 2012 bundesweit auf 53,5 Prozent (zu Akademisierungstrends siehe auch Alesi & Teichler, 2013), die der Studienanfänger/innen auf 54,6%, und der Studienabsolventen auf 30% (Dräger & Ziegele, 2014). Meyer und Schofer (Schofer & Meyer, 2005) zeigen anhand hochschulstatistischer Auswertungen, dass die Hochschulexpansion spätestens seit der Mitte des 20. Jahrhunderts ein in allen fortgeschrittenen Ländern der Erde beschleunigt auftretender Prozess ist, der jedoch durchaus mit unterschiedlicher Geschwindigkeit verläuft. Die durchaus bedenkenswerten kritischen Interventionen zum „Akademisierungswahn" sind demnach wichtige Reflexionsmomente, die jedoch am Faktum der stetig zunehmenden Bildungspartizipation nichts ändern (werden). Mit einer Hochschulpartizipationsrate deutlich oberhalb der 50%-Marke wird man somit überall rechnen müssen (vgl. Teichler 2014; Baethge u.a. 2014).

Die Bedeutung von Bildungsbeteiligung als Ermöglicher am kulturellen, sozialen und ökonomischen Kapital (Bourdieu, 1982) teilhaben zu können, steigt damit stetig weiter an. Der in der Pädagogik und Soziologie zunehmend stärker diskutierte Begriff der Bildungsgesellschaft (Mayer, 2000) ist hierfür kennzeichnend. Damit ist sie paradoxerweise nicht nur eine wichtige Option, sondern stellt auch zunehmend ein Risiko dar, sollte eine entsprechend Bildungsbeteiligung nicht stattfinden (können) (Beck, 1986). Option und Zwang liegen damit eng beieinander.

b) Digitalisierung der Universitäten

Ein zweiter wichtiger Änderungswind weht seit einiger Zeit aus Richtung der Digitalisierung auf die Hochschulen zu. Es ist kein von der oben beschriebenen Entwicklung zur Bildungsgesellschaft getrennt stehender Faktor, sondern beflügelt diesen eher noch. Die Digitalisierung führt zu Entgrenzungsprozessen akademischer Bildung und ihrer Organisation, die auf alle Bereiche der Hochschule einen Einfluss hat:

- Das für ein akademisches Studium notwendige Wissen wird zunehmend frei digital verfügbar und von einer spezifischen akademischen Institution und ihren Akteuren abgekoppelt verfügbar. Die Koppelung von Wissenszugang und Institutionszugehörigkeit löst sich mehr und mehr auf. So ist bspw. ein ‚Patchworkstudium' mit unterschiedlichen akademischen Lehrveranstaltungen an unterschiedlichen Institutionen prinzipiell denkbar und wird auch zunehmend realisiert.

- Wissensvermittlungsprozesse verlieren ihre Raum- und Zeitgebundenheit und Studium kann neu und unabhängig von Seminarräumen und Präsenzveranstaltungen organisiert werden.

- Die Generierung neuen Wissens über Forschungsprozesse ist heute ohne digitale Medien und durch sie unterstützte Prozesse nicht mehr denkbar. Auch für die Interaktion zwischen Lehrenden und Lernenden, sowohl bei der Lehre als auch bei der Organisation des Studiums, werden zunehmend digitale Medien genutzt.

- Forschende, Lehrende und Studierende treten über digitale Medien zunehmend auch in einen globalen Austausch und Studium, Lehre und Forschung internationalisiert sich.

Die hier genannten Punkte stellen nur eine kleine Auswahl von Aspekten dar, die durch Digitalisierung in der Hochschule der Zukunft beeinflusst werden. Die Tatsache, dass mehr und mehr Universitäten Konzeptionen zur Digitalisierung in ihre Strategiebildungsprozesse aufnehmen, trägt dieser Entwicklung Rechnung und ist gleichzeitig Ausdruck davon (Hochschulforum Digitalsierung, 2016).

Die steigende Individualisierung von akademischen Bildungsprozessen und die Vielfalt von Ansprüchen, Zielen und Methoden des Studierens wird durch die Unterstützung der Lehre und des Studiums mit digitalen Medien im oben beschriebenen Sinne erst möglich. Die Digitalisierung wirkt wie ein Ermöglicher der Anforderungen, die gesteigerte Bildungsbeteiligung mit sich bringt. Die Digitalisierung der Hochschulbildung als Technisierung zu verstehen, wäre verkürzt und falsch. In ihrem Kern stehen Aspekte wie der freie Zugang zu Wissen, Wissensressourcen, entgrenzten Kommunikationsmöglichkeiten und Vernetzung. Es stellt sich die Frage, wie Bildungsprozesse aussehen müssen, wenn sie eben nicht mehr auf dem schon eingeübten Hierarchiegefälle der Lehrenden als der Wissensträger einerseits und der Studierenden als der Wissensempfänger andererseits ruhen kann. Vielmehr scheint das alte Ideal der Gemeinschaft der Studierenden und Lehrenden mit dem Ziel, innovative Ansätze durch Diskurs hervorzubringen, nun wieder aufzuscheinen – im gemeinsamen Diskurs Problemszenarien zu entwickeln und zu bearbeiten.

c) Zusammenfassung: Gestaltungsdruck und Gestaltungsrichtungen

Beides, sowohl die gestiegene Beteiligung an akademischer Bildung, als auch die zunehmende Digitalisierung der Hochschulbildung wirken wechselseitig verstärkend auf die Organisation und Ausgestaltung von Studium, Lehre und Forschung. Eine neue Vielfalt und Entkoppelungsprozesse sind die Folge und lösen einen immer stärker spürbaren Gestaltungsdruck in Richtung Individualisierung und lebenslanger akademischer Bildungsnotwendigkeit aus.

aa) Zunahme von Vielfalt, Selbstorganisation und Entkoppelung

Diversität ist das große Stichwort der Hochschulbildung in jüngster Zeit. Sie wächst auf dem Zusammenhang, dass akademische Bildung einen immer größer werdenden Stellenwert für die soziale Teilhabe an der Gesellschaft besitzt, dass Bildungsprozesse zunehmend individueller (also auf den jeweiligen Bedarf der/ der einzelnen Person und Biografie zugeschnitten), und dadurch auch diversifizierter und an die jeweiligen Lebenslagen in Form und Inhalt angepasster werden (also weniger an Standartangeboten orientiert sind). Diese neue Vielfalt ist eine Heterogenität, die die große Herausforderung der Universitäten in den nächsten Jahren darstellt. Die ,klassische Klientel' wissenschaftsaffiner und akademisch orientierter Studierender wird zu einer Minderheit an den Hochschulen werden. Der Bologna-Prozess gibt eine immer stärker berufsorientierte Hochschulausbildung vor, die für immer mehr Studierende der Beweggrund für ein Studium ist. Hochschulen werden sich auf die Vielfalt einstellen müssen, weil sie andernfalls weder den sich verändernden gesellschaftlichen Anforderungen gerecht werden, noch ihre Studierenden verstehen können. Derzeit besteht an Hochschulen oftmals der Eindruck, dass es kein großes Problem gäbe: Die Abbruchquoten in Deutschland ist mit um die 25% im OECD-Durchschnitt insgesamt eher niedrig. Jedoch geht es nicht nur darum, möglichst alle Studierenden wie bisher durch die erprobten Studienkonzeptionen zu schleusen, sondern die Frage zu stellen, welche neuen Fähigkeiten und Kompetenzen die Studierenden mit ins

Studium bringen und wie deren Interessen zu einer Bereicherung der Lehre beitragen könnten.

Im Umgang mit mehr Vielfalt wird es für Hochschulen wichtig, Selbststeuerungsprozesse durch Studierende zu ermöglichen, um die potenziell sehr unterschiedlichen Zielstellungen einer Studienkohorte miteinander in Einklang zu bringen. Während es in einem Fall noch darum geht, ein grundständiges Studium zu absolvieren, ist es in anderen Fällen ein berufsbegleitendes oder ein praxisintegriertes Studienmodell, hier besteht vielleicht das Interesse an einem Kontaktstudium und dort an einer vertieften fundierten Studieneinheit in einem Spezialfach. Diese unterschiedlichen Bedarfe und Interessen müssen zukünftig durch intelligente und modularisierte Studienmodelle miteinander kombinierbar werden. Studierende nehmen für sich ein stärkeres Wahlverhalten in Anspruch und nutzen die Möglichkeit zum Studium aus vielfältigsten Lebenslage und Positionen im Lebenslauf. So resultiert der Studienabbruch in der Mehrheit der ersten Semester mittlerweile nicht mehr aus Leistungsgründen, sondern aus der Tatsache, dass Studierende sich innerhalb der ersten Studienphase umentscheiden, vielleicht ein anderes Fach studieren möchten, eine andere akademische Institution wählen oder ganz aus dem Studium aussteigen möchten, was sie vielleicht später wiederaufnehmen wollen. Um solchen Bildungsverläufen gerecht zu werden muss die Konzeption eines akademischen Studiums neu gedacht werden: Kleinere akademische Qualifikationseinheiten sind zu konzipieren, um diese in intelligenten Weisen miteinander koppeln zu können und dabei gleichzeitig nicht die großen Qualifikationslinien aus den Augen zu verlieren. Zertifizierung, Prüfung, Examen nur noch für ein gesamtes Studium abzunehmen, das Studium aus ‚einer Hand', einer Institution, an einer Hochschule von A bis Z, wird zukünftig der Vergangenheit angehören oder zumindest neben das heute bekannte Normalmodell treten.

Eine dritte Entwicklung sind die sich abzeichnenden Entkoppelungsprozesse. Zum einen ist zu erkennen, dass sich die Vorstellung, die für einen Beruf notwendigen Qualifikationen und Kompetenzen ließen sich in klare und überdauernd gültige Curricula verpacken, als zunehmen absurd erweist. Es ist vielmehr eine Entwicklung von einem beruflichen und an Berufsdefinitionen orientierten System der Arbeit zu einem flexiblen System der Arbeit zu erkennen, in dem Berufsdefinitionen nicht mehr starre

Tätigkeitsbündel umfassen, sondern sich stetig weiterentwickeln. Lisop und Beck sprechen hierbei von einem Abschied vom „Berufe-Konstrukt als qualifikatorischer und pädagogischer Fundierung" (Lisop, 1997; Beck, 1986). Die Hochschule der Zukunft kann akademische Qualifikationen zukünftig nicht mehr als starres ‚Paket' eng umgrenzter beruflicher Qualifikationen konzipieren. Vielmehr bedingt eine industriell hoch entwickelte Struktur von Produktion, Forschung, Entwicklung und Dienstleistungen einen raschen Wechsel der Qualifikationen. In der Konsequenz sind Universitäten aufgefordert, sich mehr an übergreifenden Kompetenzen und weniger an passgenauen Qualifikationen zu orientieren.

Im Bereich der Studienorganisation zeichnen sich ebenfalls Entkoppelungsprozesse ab, so bei der Entkoppelung von Studium und Abschluss. Akademisches Studium wird zukünftig nicht ausschließlich mit dem Ziel eines Abschlusses durchgeführt werden. Vielmehr wird der Bedarf an akademischer Weiterbildung steigen, an phasenweise verfügbarer akademischer Vertiefung von beruflich relevanten Themen. Auch werden die Motive akademische Bildung als ‚Genuss im Lebensvollzug' in Anspruch zu nehmen wichtiger werden. In einem zunehmend digitalisierten Markt für akademische Bildungsangebote werden akademische Qualifikationen zukünftig auch nicht mehr nur noch aus einer Hand, von einer Institution und vollumfänglich betreut werden (können). Vielmehr werden Studierende auf Grundlage ihrer eigenen Präferenzen zunehmend ihre eigene Zusammenstellung von Angeboten und Institutionen vornehmen. Damit entkoppelt sich das akademische Studium auch von einer ‚Ein-Campusmentalität', hin zu einer potenziell entkoppelten ‚Viel-Campusmentalität', in der Studium und Institution voneinander getrennt zu sehen sind.

Ein weiterer Entkoppelungsvorgang ist die Entkopplung der Zeitspanne, in der ein Studium stattfindet: Akademische Qualifizierung wird zukünftig nicht mehr als ‚Qualifikation auf Vorrat' direkt nach einem Abschluss einer weiterführenden Schule in Anspruch genommen werden, sondern in episodischen Verläufen, prinzipiell unbegrenzt über die gesamte Lebensspanne hinweg. Der Markt akademischer Weiterbildung, in dem dieses Bildungssegment derzeit angesiedelt ist, wird sich von einem Nischenmarkt (heute) zu einem Standardangebot zukünftiger Universitäten entwickeln.

bb) Lebenslange, akademische Bildung: Von einer Option zur Notwendigkeit

Glaubt man dem Beckschen Postulat der Risikogesellschaft (Beck, 1986), dann stellt kontinuierliche (akademische) Bildung zünftig einen wichtigen Weg der Risikovermeidung dar. Dabei wandelt sich ständige akademische Weiterbildung im Sinne des lebenslangen Lernens von einer *Möglichkeit* zur Vermeidung von Lebensrisiken zu einem Zwang, von der Option zur Obligation. Damit einher geht auch die Entwicklung der Employability, die nicht mehr als Berufsfähigkeit, also Vorbereitung auf einen Beruf durch ein universitäres Studium, sondern als Beschäftigungsfähigkeit, also auf die Lebensspanne zielt: vom ‚lifetime employment' zur ‚lifetime employability'. Das Aufweichen traditioneller Biographiemuster im Zuge der Modernisierung gehört mittlerweile zur weit verbreiteten Erfahrung. Biographien sind durch Unterbrechungen und Veränderungen, durch Neuorientierungen und Umstellungen gekennzeichnet, und ihnen wohnt das permanente Risiko des Abgleitens oder Abstürzens inne (vgl. (Beck, Giddens, & Lash, 1996). Für die Qualifizierung bedeutet das: sie ist nie wirklich abgeschlossen. Auch hier besteht ein Druck auf Hochschulen, Bildungsprozesse verstärkt als episodisch und nicht als einmal und für immer abgeschlossen zu betrachten.

Zusammenfassend sind folgende Aspekte der Qualifikationsentwicklung zu beobachten, die auf die Hochschule der Zukunft wirken:

- Qualifikationen werden immer unvorhersehbarer.

- Fachliche Qualifikationen unterliegen einer raschen Entwertung.

- Es gibt keinen fixierten Wissensbestand (body of knowledge) mehr.

- Es findet eine weitgehende Entkoppelung von Arbeit und Qualifikation statt.

- Es ist eine zunehmende Entgrenzung von Qualifikationen und Qualifizierung zu beobachten.

- Lerninhalte werden globaler.

27

Damit wird ein Wandel von der Vorstellung des Studiums als Ziel und Voraussetzung für das Berufsleben beschrieben, hin dazu, akademische Bildung als ein *episodisches Muster* in einer Biographie zu verstehen.

3 Hochschule der Zukunft

Legt man die geänderten Rahmenbedingungen in einer Bildungsgesellschaft zugrunde und den Änderungsdruck, der auf akademische Qualifizierungsprozesse wirkt, so ergeben sich auch für Hochschulen neue Anforderungen an ein modernes, weiterentwickeltes Hochschulmodell. Die folgenden Aspekte (Tabelle 1) sind das Ergebnis eines Gedankenexperiments und sicher nicht vollständig, zeigen aber den Entwicklungskorridor auf, in den Hochschulen sich derzeit befinden. Die Hochschule der Zukunft wird sich entlang dieser Profilpunkte ausrichten müssen.

	Modernes, jetziges Hochschulmodell	Postmodernes, zukünftiges Hochschulmodell
Dimension	von...... (möglicher Entwicklungspfad) ......zu	
Abschlüsse	Ziel ist das Erreichen eines klar definierten Gesamtabschlusses für das Studium, dabei werden die Abschlussbezeichnungen hoheitlich von der Hochschule vergeben.	Das Studium setzt sich aus kleinen Studieneinheiten zusammen, die auch von unterschiedlichen (Hochschul-) Anbietern kommen können. Es wird mehr Kurzformate geben, mehr Zertifikatskurse, mehr Kontaktstudienmöglichkeiten, mehr Short-Courses. Daras entstehen Patchwork-Studienverläufe, die dann zu größeren Abschlusszertifikaten, wie bspw. einem Studienabschluss, zusammengefügt werden können und von einer Hochschule zertifiziert werden können.

Anerkennung vorheriger Kenntnisse & Erfahrungen	Anerkennung möglich, aber wenig tatsächliche Anerkennungspraxis	Viel Anerkennungspraxis, Hochschulen entwickeln professionelle Prozesse für Kompetenzdiagnose und die Anerkennung von Vorleistungen und Erfahrungen
Zertifizierung	Lehre/ Vermittlung (Tutoring, Lehrveranstaltungen) und Prüfung und Zertifizierung sind gekoppelt im Rahmen einer Institution	Lehre/ Vermittlung (Tutoring, Lehrveranstaltungen) und Prüfungen und Zertifizierung (Abschlussprüfung) sind entkoppelt und können von verschiedenen Institutionen durchgeführt werden
Studienpfad/ Taktung	Studienverlauf ist durch Modul- und Prüfungsplan in der Studienordnung klar und nur mit geringer Flexibilität vorgegeben Studium ist anhand von Zeiteinheiten strukturiert (ECTS) klare Unterscheidung von Teilzeit und Vollzeitstruktur	Studienverlauf ist flexibel und durch große Wahlbereiche bestimmt Studium ist anhand von inhaltlichen Kriterien strukturiert flexiblere, individuelle Zeitstruktur mehr berufs- und lebensbegleitende Modelle
Curriculum	Im Studium sind klar definierte Qualifikationsziele vorgegeben, die für alle Studierenden gleichermaßen gelten und aus denen die Inhalte und Methoden der Module im Studienverlauf abgeleitet werden. Berufsprofile werden als normatives Paradigma für Studieninhalte herangezogen.	Studieninhalt ist zunehmend orientiert an langfristiger Beschäftigungsfähigkeit und an individuellen Bildungszielen, Interessen und Bedürfnissen. Im Vordergrund stehen mehr grundlegende Handlungskompetenzen und die Befähigung zum Umgang mit übergreifenden Fähigkeiten.

	Ein Methoden- und Inhaltskanon ist an Fakultäten und Disziplinen orientiert.	Das Curriculum ist an zentralen Problemstellungen eines Praxisfeldes orientiert. Die Problemorientierung bedingt eine stärker interdisziplinäre Ausrichtung.
	Wenige digitaler Import vom Curriculum	Viel digitale Kooperation und digitaler Import und Export zwischen akademischen Institutionen
Wissenschafts-/ Hochschulstruktur	Hochschulen sind in disziplinäre Einheiten, die Fakultäten strukturiert, sie sind inhaltlich maßgebend und für das Studium strukturgebend.	Hochschulen sind stärker durch interdisziplinäre / transdisziplinäre Kooperationsformen organisiert. Das Studium ist stärker anhand von übergreifenden Fragestellungen und interdisziplinären / transdisziplinären Arbeitseinheiten organisiert.
Lernmodell	Lernen folgt prinzipiell einer Vorstellung eines Wissensgefälles, welches es auszugleichen gilt. Die Lehre ist expert/innenorientiert Professor/innen organisieren Wissenstransfer	Lernen folgt der Vorstellung, dass Studierende und Lehrende eine Lerngemeinschaft bilden (Renaissance des Ideal der Universitas)
	Prüfungsorientiertes Lernen: Lernen ist auf Prüfungen ausgerichtet Studium folgt der Vorstellung, dass es darum geht, die Hürde der Zertifizierung zu überwinden	Die Lernerfahrung steht im Mittelpunkt, die sich aus eigenen Interessen und selbstentwickelten Fragestellungen speist. Prüfung finden in größerem Rahmen zu übergreifenden Themen und Kompetenzen statt

	Viele Prüfungen für detaillierte Modulstruktur	Übergreifenden Kompetenzen aus größeren Zusammenhängen steht im Vordergrund
Prüfungen	Viele Prüfung, an Modulen orientiert, oft eher auf Reproduktion von Wissen hin orientiert	Prüfungen sind kompetenzorientiert, finden in größeren Abständen und Einheiten statt, decken größere Gebiete ab.
Organisations-rahmen	Institutionelle Struktur: Eine Hochschule fungiert als Studienort/ -anbieter	Institutionelle Vielfalt: Mehrere akademische Institutionen sind beteiligt Studierender organisiert Studienrahmen und flexibles und an Bedürfnisse angepassten Studienprozess
Reputation	Die Reputation der Hochschule bestimmt Wert des Abschlusses auf dem Arbeitsmarkt	Studierende dokumentieren ihre Fähigkeiten und Erfahrungen eher in Assessments, auch durch qualitative Elemente, wie bspw. Portfolios Der Wert des Hochschulabschlusses orientiert sich vor allem auch am Praxisbezug des Studiums, den dort gemachten und dokumentierten Erfahrungen und demonstrierter Handlungskompetenz
Durchlässigkeit	Zwischen Schule, Berufsausbildung und Hochschule existieren klare Schwellen zwischen akademischen und nichtakademischen Programmen. Die Durchlässigkeit ist nicht durchgängig gegeben.	Durchlässiges Kontinuum zwischen den Bildungsbereichen Schule, Berufsausbildung und Hochschule und den jeweiligen anschlussfähigen Bildungsniveaus der nationalen und Europäischen Qualifikationsrahmen

4 Schritte in Richtung der Hochschule der Zukunft

Universitäten gehen bereits Schritte in Richtung Zukunft. Digitale Medien bieten Hochschulen neue Möglichkeiten, die Studienstruktur oder die

Studienorganisation weiter zu entwickeln. Die Ergebnisse der jüngsten Debatte über „Hochschulbildung digital" zeigt, dass Digitalisierung nicht als Technisierung, sondern als Ermöglicher für didaktische Phantasie in der Lehre steht (Digitalisierung, 2016). Zu erkennen ist, dass es Universitäten darum geht, junge Menschen in der Entwicklung ihrer Fähigkeit zur selbstständigen und eigenverantwortlichen Arbeit in heterogenen Teams zu unterstützen und sie bei der Entwicklung von Handlungskompetenzen durch die Lösung komplexer Probleme zu fördern. Hochschulen und ihre Akteure in der Lehre setzen digitalen Medien in großer Vielfalt ein und nutzen die sich dadurch ändernden Rahmenbedingungen, um produktiv neue Wege zu gehen. Dabei wird Hochschullehre jenseits von reinem monodirektionalem Wissenstransferkonzepten und Massenveranstaltungen attraktiv gestaltet. Dann wird Hochschullehre zum Reallabor, in dem Konzeptionen entwickelt und umgesetzt werden, in denen Studierende als reflektierende Praktiker/innen in ‚Reflexionslaboratorien' (Ehlers, 2014) lernen, in denen sie kollaborativ zusammenarbeiten und in denen sie in ihrer Entwicklung zu autonomen und selbstgesteuerten Lernenden unterstützt werden. Digitalisierung verfolgt dabei nicht das Ziel der ‚Technisierung', sondern fordert auf zur didaktischen, curricularen und organisatorischen Innovation in der Lehre. Im Folgenden werden in Kürze acht Konzepte beschrieben, mit denen Universitäten sich aufgemacht haben, um die Zukunft akademischer Lehre zu verändern[1]:

a) Verzweigte Studienpfade und Abschlüsse ermöglichen

Hochschulbildung digital bedeutet in Hochschulen heute auch, dass Fakultäten und Studiengänge enger zusammenrücken und stärker miteinander kooperieren, vor allem und auch digital. Über digitale Medien werden Studienangebote miteinander koordiniert und verzahnt. Das kann zu flexibleren Studienangeboten führen, in denen Studierende mehr Selbststeue-

---

1   Die im Folgenden beschriebenen Konzeptionen sind das zusammengefasste Ergebnis einer Analyse der über 100 Konzeptionen, mit denen sich Hochschulen auf die Ausschrieben des Programms „Curriculum 4.0" beworben haben, welches von der Carl-Zeiss-Stiftung und dem Stifterverband mit dem Ziel ausgeschrieben wurde, curriculare Reformprojekte auszeichnen, die neue Lösungsansätze im Umgang mit digitalen Medien aufzeigen.

rungsmöglichkeiten haben, und sich im Laufe ihres Studiums gemäß ihren Interessen fachlich noch weiter verzweigen können. In zunehmendem Maße werden von Hochschulen aus vernetze Curricula angeboten, auch als Y-Studienpfad bezeichnet. Dabei wird zunächst ein curricularer Kernbereich studiert, auf dem dann eine mögliche Verzweigung in zwei oder mehr Studienrichtungen folgt. Beispielweise schreiben sich Studierende für den Bachelor Informatik ein, können aber im Studienverlauf auf Wirtschaftsinformatik verzweigen. Für Fakultäten erfordert diese Vorgehensweise eine neue Kooperationsbereitschaft, da Module nun – oftmals digital – für unterschiedliche Studienverläufe geöffnet und angeboten werden und nicht nur für den eigenen Studiengang.

b) „Probleme folgen keiner Disziplin" - Interdisziplinäre Modulkombination und polyvalente Module

Eine Variante der oben beschriebenen Flexibilisierung des Studienverlaufs ist auch eine stärkere interdisziplinäre Gestaltung von Studienangeboten durch den Einsatz digitaler Medien. Dabei werden flexible Wahlbereiche definiert, um Module und Veranstaltungen auch aus anderen, und auch fachfremden Fachbereichen zu studieren. Denkbar sind Beispiele wie die Theologin, die auch Managementseminare belegen möchte, der Manager, der an Gruppenpsychologie interessiert ist, etc. Hochschulen beginnen, Module aus Bachelor- und Masterstudiengängen als sog. ‚polyvalente Module' zu definieren. Das hat Auswirkungen auf die Kapazitätsberechnung und Auslastung von Studiengängen. Digitalisierung ermöglicht eine zeit- und ortsunabhängige Präsentation und Erreichbarkeit von entsprechenden Inhalten, auch über Fakultäts-, Department-, Campus- und sogar Hochschulgrenzen hinweg. Ein Beispiel hierfür ist etwa die Virtuelle Hochschule Bayern, über die viele bayrische Universitäten mittlerweile über 300 Lehrveranstaltungen und Module digital anbieten.

c) Virtuelles ERASMUS – virtuelle Mobilität (Digitale Importe von Curricula)

Eine weitere Möglichkeit, Studienverläufe interdisziplinärer und flexibler zu gestalten, mehr Wahlmöglichkeiten zuzulassen und die Selbstorganisation der Studierenden zu stärken, ist der digitale Import von Curricula anderer akademischer Institutionen, in engl. mittlerweile auch „virtual

Erasmus" oder „virtual mobility" bezeichnet. Studierende belegen in diesem Fall eine Lehrveranstaltung, eine Sommerschule oder ein Praktikum, welches in Form eines Onlinekurses vermittelt wird, an einer anderen akademischen Einrichtung als der Hochschule bei der sie eingeschrieben sind, oft auch im Ausland. Das so belegte Studienangebot wird als vollwertige Studienleistung anerkannt und kann in das eigene Studium mit allen Leistungspunkten integriert werden. Der digitale Import von Lehre aus anderen akademischen Einrichtungen kann begünstigt werden, wenn Fakultäten sich von vornherein um die möglichen Importmöglichkeiten Gedanken machen und Regeln dazu aufstellen und diese in einem Wahlkatalog für virtuelle Mobilität für die Studierenden beigefügt werden.[2]

d) Ausweitung der Anerkennungspraxis

Hochschulen in Deutschland sind verpflichtet, Kompetenzen aus dem akademischen (bis 100%) und nicht akademischen (bis 50%) Bereich als Vorkenntnisse im Studium auf die zu erbringenden Prüfungsanforderungen anzuerkennen. Die Erfahrung mit solchen Anerkennungspraktiken ist jedoch nicht groß und führt oftmals zu Unverständnis auf Seiten der Lehrenden, da unklar ist, ob die zur Anerkennung eingebrachten Vorleistungen auch wirklich adäquate Kompetenzen beinhalten. Anerkennung ist aber der wesentliche Schlüssel für die Ermöglichung neuer (digitaler) Vielfalt für Studienverläufe. Digitale Lehrveranstaltungen (auch anderer Fakultäten und akademischer Institutionen) können erst dann vollwertig neben in Präsenz erbrachte Lehrveranstaltungen treten, wenn sie auch vollwertig anerkannt werden. Dies erfordert in vielen Fällen die Ausweitung der Anerkennungspraxis. Dabei sind individuelle (Anerkennung individuell eingebrachter Leistungen) als auch institutionalisierte Konzepte (Kooperationsmodelle, in denen die von anderen Einrichtungen anerkennungsfähigen Leistungen im Vorfeld geprüft wurden) denkbar.

---

2 Das EU Projekt „OER Test" hat die hierbei denkbaren Möglichkeiten aufgearbeitet und publiziert: https://oerknowledgecloud.org/sites/ oerknowledgecloud.org/files/Open-Learning-Recognition.pdf (zuletzt aufgerufen am 6.9.2018).

e) Praxisintegration fördern: Arbeitsplatznahes studieren

In praxisintegrierten, praxisnahen oder dualen Studiengängen können digitale Medien genutzt werden, um die dann i.d.R. vorhandenen zwei Lernorte – den Lernort Arbeitsplatz und den Lernort Hochschule – miteinander zu vernetzen. Dabei eignen sich bspw. Kursformate, die den Studierenden ermöglichen, auf Inhalte, die sie für Projekt- und Forschungsarbeiten, die am Praxislernort angefertigt werden, zuzugreifen, oder auch das Konzept des reflexiven Schreibens von Lerntagebüchern für Explorations- und Reflexionsaufgaben, die die Studierenden während der Studienphase an der Hochschule anhand von theoretischen Konzepten erarbeiten, und die am Lernort Praxis durchgeführt werden sollen.

f) Offene Hochschule gestalten: Vorkurse, Brückenkurse und onboarding ins Studium

Die Öffnung der Hochschulen für immer mehr junge Menschen eines Jahrgangs führt automatisch dazu, dass auch nicht-traditionelle Zielgruppen an die Hochschule strömen und erhöht die Diversität der Lebenslagen, in denen Menschen sich akademischer Bildung zuwenden. Das stellt für Hochschulen eine Herausforderung in Bezug auf den Studienerfolg dar. Gerade in den mathematisch naturwissenschaftlichen Studienfächern sind Hochschulen häufig mit mathematischen Eingangsqualifikationen der Studienanfänger/innen konfrontiert, die nicht ausreichen, um die Studieneingangsphase erfolgreich zu überstehen (Heublein, Richter, Schmelzer, & Sommer, 2014). Mehr und mehr Hochschulen experimentieren nun mit Onlinekursen, die die Studierenden bereits im Vorfeld zum Studium belegen und die ihnen die Möglichkeit geben, sich in den notwendigen Bereichen das notwendige Qualifikationsniveau zu erarbeiten.[3]

Eine weitere Möglichkeit, eher zur Unterstützung der Öffnung von Hochschulen auch für nicht-traditionelle Zielgruppen, sind sog. Brückenkurse,

---

3   Ein Beispiel dafür ist das Projekt OPTES der Dualen Hochschule Baden-Württemberg, die im Verbund mit anderen Hochschulen eine digitale Infrastruktur für Studierende entwickelt, um sie in der Studieneingangsphase bei der Studienorganisation und ihren mathematischen Kompetenzen zu unterstützen: http://www.optes.de (zuletzt aufgerufen am 6.9.2018).

die auch mit Äquivalenzprüfungen gekoppelt werden können. Wollen bspw. Berufstätige mit langer Berufspraxis wieder ins Studium zurück, bietet es sich an, sie mit ‚onboarding Kursen', Propädeutika o.ä. zu unterstützen, wieder in ein akademisches Studium hineinzukommen – und zwar ohne, dass sie regelmäßig bereits in Präsenzkurse an die Hochschule kommen müssen.

g) Digital Medien nutzen, um authentische Fragen, komplexe Probleme und regelmäßige Reflexion zu ermöglichen

Für die individuelle Kompetenzentwicklung müssen Lernsituationen geschaffen werden, in denen selbstgesteuertes, anwendungsbezogenes, situatives, emotionales, soziales und kommunikatives Lernen gefördert wird (Mandl und Krause, 2001). Die Integration komplexer und authentischer Probleme in unscharfen Ausgangssituationen ist dabei ein wesentliches Element in kompetenzorientierten digitalen Lernszenarien. Digitale Lernumgebungen können Studierende unterstützen, jenseits der Beschäftigung mit künstlich aufgearbeiteten Fragestellungen im Seminarraum, digital mit Betroffenen, Akteuren und Experten in Kontakt zu kommen, und sich zusätzlich zum theoretischen Wissensbestand ein reales, authentisches Problemszenario zu erarbeiten. In der Hamburg Open Online University wird diese Verzahnung von akademischer Analyse und realer Problemwelt anhand von vielen Projekten real angegangen, indem Studierende über Lernplattformen mit Protagonist/innen der jeweiligen Themenfelder zusammenarbeiten. Weiterhin können digitale Medien auch hier Möglichkeiten bieten, individuelle Reflexionen per Videotake oder über reflexives Schreiben, bspw. in Weblogs, zu praktizieren und in die Hochschullehre zu integrieren. Die Integration von Weblogs in die Lernumgebung stellt eine solche Möglichkeit dar.

h) Kompetenzorientierung bei digitalen Prüfungs- und Bewertungsverfahren

Im Sinne des Ansatzes des constructive Alignements (Biggs, 2011) sind kompetenzorientierte Lehr- und Lernszenarien nur dann sinnvoll, wenn auch die Prüfung und Bewertung kompetenzorientiert vorgenommen wird. In der deutschen Hochschuldidaktik wird dieses Thema bereits stark fokussiert, in der Realität der Hochschullehre ist es oftmals zugunsten von

Massenprüfungen, die nach ‚Auswendiglernen und Wiedergeben', einem eher reproduktiven Verständnis folgen, noch nicht sehr verbreitet. So ist es auch für Hochschulbildung digital eine Herausforderung. Digitale Medien werden seit längeren auch für Prüfungs- und Bewertungsprozesse herangezogen. Die in 2015 erschienene Studie „Digitales Prüfen und Bewerten" gibt einen strukturierten Überblick über den Stand der Dinge und die Vielfalt der (teil-)digitalisierten Prüfungsformate, die derzeit bereits an Hochschulen zum Einsatz kommen. Eine kritische Anmerkung sei mit Gabi Reinmann (Reinmann, 2014) - an dieser Stelle gestattet: Kompetenzorientierung zu Ende denken würde bedeuten, nur Prüfungen zuzulassen, die tatsächlich versuchen, Kompetenzen zu erfassen, und die Anforderungen integrierter Prüfungen erfüllen. Dabei ist allerdings Bescheidenheit geboten, denn kompetenzorientierte Prüfungen sind ein Ideal, dem man sich nur annähen kann. Präzise und eindeutige Feststellungen, über welche Kompetenz jemand in welcher Ausprägung verfügt, sind theoretisch und praktisch kaum möglich. Notwendig sind komplexe Prüfungen, die Kompetenzen mit einem reflektierten Anspruch erfassen. Sowohl die Gestaltung als auch die Durchführung solcher Prüfungen sind sehr aufwändig. Es zeigt sich, dass kompetenzorientiertes Prüfen ein aufwändiges Vorhaben ist, bei dem digitale Medien fruchtbar eingesetzt werden können und sollten. Im Sinne des Ideals der Universitas würden dann auch nicht mehr ein Abprüfen von Auswendiggelerntem im Vordergrund stehen, sondern die Disputation von Neuem und Bemerkenswertem.

5 Fazit

Viele Universitäten haben sich bereits auf den Weg gemacht, in die Zukunft. Dabei werden die im Beitrag beschriebenen zwei Haupteinflussfaktoren so wirken, dass akademische Bildung sich in Organisation, Didaktik, Profil und institutioneller Ausrichtung weiterentwickeln muss. Digitalisierung ist dabei kein Allheilmittel für Hochschulen und die hochschuldidaktische Gestaltung. Aber Hochschulbildung digital hat das Potenzial, die Transformation der Hochschule in Bezug auf ihre gesellschaftlichen Anforderungen zu unterstützen. Hochschulen stehen daher mehr denn je heute vor einer Gestaltungsaufgabe, digitalen Medien sinnvoll zu integrieren.

Hochschulen sind zu Reallaboren geworden, in denen mutige Konzeptionen entwickelt werden. Digitalisierung wird dabei meistens als Didaktisierung erlebt, denn mit dem Einsatz von neuen Medien stellen sich lernorganisatorische und didaktische Fragen (endlich) wieder neu. Es sind digitale Medien, die oft zunächst erst sichtbar machen, dass das Ideal der Universitas im Hochschulalltag nicht gelebt wird. Im Beitrag wurden konkrete Hinweise gegeben, an welchen Punkten die Entwicklung der Hochschule der Zukunft beginnen kann, und wo sich Ansatzstellen bieten.

Literatur

Alesi, B., & Teichler, U. (2013). Akademisierung von Bildung und Beruf – ein kontroverser Diskurs in Deutschland. In E. Severin, & U. Teichler, *Akademisierung der Berufswelt?* (S. 13-39). Bielefeld: Bertelsmann.

Arnold, R. (2010). *Selbstbildung – oder: Wer kann ich werden und wenn ja wie?* Baltmannsweiler: Schneider Verlag Hohengehren.

Beck, U. (1986). *Risikogesellschaft.* Frankfurt am Main: Suhrkamp.

Beck, U. (1986). *Risikogesellschaft. Auf dem Weg in eine andere Moderne.* Frankfurt am Main: Suhrkamp.

Beck, U., Giddens, A., & Lash, S. (1996). *Reflexive Modernisierung. Eine Kontroverse.* Frankfurt am Main: Suhrkamp.

Biggs, J. (2011). *Teaching for Quality Learning at University.* Buckingham: Open University Press.

Bourdieu, P. (1982). *Die feinen Unterschiede. Kritik der gesellschaftlichen Urteilskraft.* Frankfurt am Main: Suhrkamp.

Digitalisierung, H. (01. Dezember 2016). *The digital Turn. Hochschulbildung im digitalen Zeitalter.* Von https://hochschulforumdigitalisierung.de/: https://hochschulforumdigitalisierung.de/sites/default/files/dateien/Abschlussbericht.pdf abgerufen

Digitalsierung, H. (2016). *Strategie ...* Berlin: Stifterverband.

Dräger, J., & Ziegele, F. (2014). *Hochschulbildung wird zum Normalfall.* Von CHE: https://www.che.de/downloads/Hochschulbildung_wird_zum_Normalfall_2014.pdf abgerufen

Ehlers, U.-D. (2008). *Qualität und Bildung .* Essen : Universität Duisburg-Essen.

Ehlers, U.-D. (2014). *Open Learning Cultures. A Guide to Quality, Evaluation and Assessment for Future Learning.* New York, Heidelberg: Springer.

Ehlers, U.-D., Holmer, T., & Gerteis, W. (2003). *E-Learning-Services im Spannungsfeld von Pädagogik, Ökonomie und Technologie: L3 - Lebenslanges Lernen im Bildungsnetzwerk der Zukunft.* Gütersloh: Bertelsmann.

Gruber, E. (2013). *Modernisierung durch Flexibilisierung von Weiterbildung.* (L. K. Peter Heintel, Hrsg.) Berlin: Springer Verlag.

Heublein, U., Richter, J., Schmelzer, R., & Sommer, D. (2014). *Die Entwicklung der Studienabbruchquoten an den deutschen Hochschulen.* Hannover: DZHW.

Hochschulforum Digitalisierung. (01. Dezember 2016). *The digital Turn. Hochschulbildung im digitalen Zeitalter.* Von https://hochschulforumdigitalisierung.de/: https://hochschulforumdigitalisierung. de/sites/default/files/dateien/Abschlussbericht.pdf abgerufen

Lisop, I. (01. 04 1997). Subjektbildung als Basis: Zum Umgang mit didaktischer Unbestimmtheit. *DIE Zeitschrift für Erwachsenenbildung,* S. 35.

Luhmann, N. (--. -- 1976). The Future Cannot Begin: Temporal Structures in Modern Society. *Socal Research*(43), S. 130-152.

Mayer, K. U. (2000). Die Bildungsgesellschaft. Aufstieg durch Bildung. In A. Pongs, *In welcher Gesellschaft leben wir eigentlich? Gesellschafts-konzepte im Vergleich 2* (S. 193-218). München: Dilemma-Verlag.

OECD. (2016). *Bildung auf einen Blick.* (OECD, Hrsg.) Paris: OECD.

Rüegg, W. (1993). *Geschichte der Universität in Europa. Band 1: Mittelalter* (Bd. 1). München: Beck.

Reinmann, G. (2014). *Kompetenzorientierung und Prüfungspraxis an Universitäten: Ziele heute und früher, Problemanalyse und ein unzeitgemäßer Vorschlag.* Von http://gabi-reinmann.de/wp-content/uploads/2014/10/ Artikel_Berlin_Okt_14.pdf abgerufen

Schofer, E., & Meyer, J. (2005). *The World-Wide Expansion of Higher Education.* Center on Democracy, Development, and The Rule of Law Stanford Institute on International Studies, Stanford.

Seibt, G. (21.06.2007). Ende einer Lebensform. Von Humboldt zu Bologna: Der atemberaubende Untergang der deutschen Universität. *Süddeutsche Zeitung,* S. 11.

➢ Zum Autor: *Prof. Dr. phil. habil. Ulf-Daniel Ehlers* ist Professor für Bildungsmanagement und Lebenslanges Lernen an der Dualen Hochschule Baden-Württemberg Karlsruhe, Vizepräsident der European Association for Institutions of Higher Education, DHBW-Präsidiumsbeauftragter für Digitalisierung von Studium und Lehre und Mitglied im Expertengremium „Hochschulforum Digitalisierung".

Von Leichen und Zuständigkeiten. Behördenkommunikation als Selbstinszenierung

Heike Guthoff

Hochschule für Wirtschaft und Recht Berlin

1 Problemaufriss

Behördenkommunikation wird innerhalb der Wissenschaft disziplinübergreifend, aber auch innerhalb von Verwaltungen selbst und nicht zuletzt innerhalb der Öffentlichkeit diskutiert.[1] Die Forschung konzentriert sich dabei in der Regel auf die *Sprache* der Verwaltung, auf das „Behördisch" (Blaha 2017: 33). Das interdisziplinäre Projekt DISK – „Design institutionalisiert Service- und Kundenorientierung" betrachtet dagegen „Verwaltungskommunikation in einem weiteren Sinne" (Fisch 2011: 564) und verbindet dabei soziologische Expertise mit solcher aus dem Bereich Design und Gestaltung.[2] Denn, so die forschungsleitende Idee, auch „behördliche Kommunikation findet [...] nicht-verbal[e] [...] statt" (Fisch 2011: 562), und auch sprachlich verfasste Kommunikation selbst ist nicht auf Sprache reduzierbar. Konkret führen wir in grober Anlehnung an den Habitusbegriff Pierre Bourdieus einerseits und an den dramaturgischen Ansatz Erving Goffmans andererseits aus einer ethnografischen „Haltung" (Breidenstein et al. 2015: 8, 37) heraus Interviews, informelle Gespräche, Beobachtungen und Dokumentenanalysen innerhalb des Gesundheitsamtes von Berlin Neukölln und dessen Umfeld durch. Der vorliegende Aufsatz berichtet aus der laufenden Forschung. Nachfolgend ordne ich (2)

---

1 Den Ausdruck Behördenkommunikation verwende ich hier in einem alltagssprachlichen Sinn, ich unterscheide also nicht zwischen etwa Ämtern und Behörden.

2 Angesiedelt ist DISK an der Hochschule für Wirtschaft und Recht Berlin (HWR) und an der Hochschule für Technik und Wirtschaft Berlin (HTW). Die Projektleitung liegt bei der Soziologin Prof. Dr. Marianne Egger de Campo (HWR). Ihr danke ich ganz besonders für kritische Diskussionen verschiedener Versionen dieses Aufsatzes. Pascal Tropschug danke ich für unermüdliche Aspektdiskussionen und für Korrekturen.

DISK zunächst grob in die Forschung zu Kundenorientierung in der Verwaltung ein, und ich skizziere unsere Forschungsperspektiven genauer. Da die Forschung zu Behördenkommunikation wesentlich Sprache thematisiert, stelle ich anschließend (3) den Stand der Forschung zur Sprache der Verwaltung dar. In Abschnitt (4) beschreibe ich drei ausgewählte Fälle aus unserer empirischen Forschung, darunter das Auftreten bei Bestattungen von Amts wegen. Solche werden lapidar gesagt möglicherweise dann veranlasst, wenn im Bezirk eine Leiche auftaucht, für deren Bestattung niemand sorgt, und in solchen Fällen ist das Gesundheitsamt zuständig. Schließlich interpretiere ich (5) die Befunde aus einer an Habitus und Inszenierung ('Doing Amt') interessierten Perspektive heraus.

2 Kommunikation, Kunden, Inszenierung: Auftreten, Habitus, Gestaltung

Einheitliche, verbindliche und konkrete Normen einer „übergeordnete[n] Instanz" (Fisch 2011: 576) zur Gestaltung der Amt-Bürger-Kommunikation jenseits des Verwaltungsverfahrensgesetzes existieren nicht. Das ist insbesondere deshalb bemerkenswert, weil im Zuge des Neuen Steuerungsmodells (NSM), einer deutschen Spielart des New Public Managements (NPM), betriebswirtschaftliche Haltungen normativ für Verwaltung relevant gemacht wurden (Bogumil et al. 2007): Bürgerinnen sollen als Kundinnen, als Empfänger von Dienstleistungen gelten. Der Ruf nach einer *bürger*nahen Verwaltung hatte zwar bereits in den 1980-er Jahren Konjunktur (z. B. Grunow 1988), der *Kunden*begriff, mithin so etwas wie eine Dienstleistungsmentalität, wird jedoch explizit erst seit den 1990-er Jahren für die Verwaltung relevant gemacht. Wohingegen dessen Angemessenheit für Verwaltungskontexte zunächst stark bezweifelt wurde (z. B. Bogumil/Kißler 1998), werden die Debatten inzwischen sehr differenziert geführt (z. B. Bogumil et al. 2001, 2007). Denn einerseits hat die „Kunden- und Dienstleistungssemantik [...] keineswegs in allen Ämtern gleichermaßen Einzug gehalten" (Englert/Sondermann 2013: Fn. 1), und andererseits lassen sich nicht alle „Verwaltungsakte zu Dienstleistungsprodukten" (ebd.) erklären.

Als Beispiele für der Sache nach gelungene *Kunden*orientierung werden in der Regel ausgeweitete Öffnungszeiten in *Bürger*ämtern und darüber hinaus vereinfachte Verfahren bei ganz bestimmten Prozessen genannt (z. B. Bogumil et al. 2007). Positionen, die den Kundenbegriff für die Kontexte der öffentlichen Verwaltung uneingeschränkt für angemessen halten, liegen, soweit ich sehe, nicht vor, auch Befürworterinnen des NSM äußern Bedenken (z. B. Schedler/Proeller 2003: 58). Das dürfte damit zu tun haben, dass der Kundenbegriff so etwas wie *Verwaltung auf Augenhöhe* (Bogumil et al. 2001) suggeriert, also symmetrische Kommunikationsbeziehungen jenseits von Machtverhältnissen, die jedoch gerade nicht oder jedenfalls nicht durchgängig kennzeichnend für Verwaltungskommunikation sind (scharf dazu Stickel 1981) und m. E. auch nicht sein können. Darauf weisen insbesondere Arbeiten zur Dienstleistungsorientierung der Bundesagentur für Arbeit hin, welche den Kundenbegriff als einzige Behörde durchgängig und konsequent einsetzt, was aber nicht immer reibungsfrei funktioniert (z. B. Bartelheimer 2009, Henke 2014, Hielscher/Ochs 2009, Weinbach 2014).

Ariadne Sondermann et al. (2014) arbeiten anhand empirischer Untersuchungen ein „Spannungsfeld zwischen hoheitlicher Aufgabenerfüllung und Kundenorientierung" (184) heraus. Dabei setzen sie das Webersche Bürokratie- dem Neuen Steuerungsmodell entgegen und deuten ihre empirischen Befunde entlang dieser Unterscheidung, indem sie die „beruflichen Selbstverständnisse" (Englert/Sondermann 2013: 145) Einzelner im Plural rekonstruieren und auf die beiden Bürokratiemodelle beziehen. Im Ergebnis sei weder eine klare Orientierung am Weberschen, noch eine klare Orientierung am Neuen Steuerungsmodell deutlich geworden. Vielmehr müsse man von „*einem* ‚modernisierten' Amtsethos mit *zwei* Ausprägungen sprechen, also von *einem* neuen normativen Ideal" (Sondermann et al. 2014: 196, meine Herv.) Mit „Ausprägungen" sind dabei individuelle, persönliche „Umgangsmuster" (192) von Beschäftigten gemeint. Unterschiede seien zwar feststellbar, im Großen und Ganzen orientierten sich jedoch *alle* Beschäftigten weder an Weber noch am NSM, sondern dazwischen, nämlich an „Augenhöhe" und „prozedurale[r] Gerechtigkeit"[3] (196 f.):

---

3 Die Autorinnen und Autoren beziehen sich damit auf staatstheoretische Konzepte von Pierre Rosanvallon, hier auf Demokratische Legitimität. Unparteilichkeit – Reflexivität – Nähe, Hamburger Edition, Hamburg: 2010.

„So grenzen sich die Beschäftigten [...] *sowohl* vom NPM, demzufolge sie *wie* private Dienstleister/-innen agieren *sollen, als auch* vom ‚alten‘ Bürokratiemodell, demzufolge sie ‚nur‘ feststehende Gesetze *ausführen,* ab und begreifen sich *(wenn auch je nach Ausprägung mit unterschiedlicher Gewichtung)* als Vermittler/-innen zwischen den Bürger/-innen und gesetzlichen Vorgaben. Es zeigt sich somit eine Adaption von Kundenorientierung, die über die Verengungen des NPM hinausgeht und im Sinne Rosanvallons (2010) eher politisch als ‚Nähe‘ (verstanden als Zugänglichkeit und Gesprächsführung ‚auf Augenhöhe‘) und ‚prozedurale Gerechtigkeit‘ (Transparenz der gesetzlichen Vorgaben und prinzipielle Offenheit gegenüber Bürgerwünschen) verstanden wird.“ (Ebd., meine Herv.)

Die methodologische Perspektive, das Vorgehen und die Interpretation scheinen mir in mehreren Hinsichten problematisch. Grundsätzlich ist mir nicht klar, worin die Lösung besteht, wenn man zwei Modelle voraussetzt, nach deren Vorhandensein fragt, und die analysierten Praktiken dann im Sinne eines dritten Modells interpretiert, welches jedoch als zwischen den beiden vorausgesetzten Polen oszillierend verstanden wird („zwei Ausprägungen“, „Gewichtung“). Schwierig erscheint es mir dabei auch, zwei Bürokratiemodelle voraus- und zueinander in Beziehung zu setzen (alt vs. neu), die sich in einem für Orientierungsfragen wesentlichen Punkt voneinander unterscheiden. Denn das Webersche Bürokratiemodell ist (zumindest dem Anspruch nach) deskriptiv und nicht normativ verfasst,[4] das

---

4 Das wird oft missverstanden (z. B. bei Scherzberg 2015, Abschnitt VI). Sondermann et al. bringen das Webersche Modell zwar auch mit dem Konzept der ‚Public Service Motivation‘ in Verbindung (Perry, James L., Wise, Lois R., „The Motivational Bases of Public Service“, in: Public Administration Review 50, 1990, S. 367-373), sehen letztlich aber doch im Weberschen Modell selbst den Gegenspieler des NSM. Das ist m. E. auch nicht ganz falsch, aber das Erheben dieser Gegenüberstellung zu einer methodologischen Leitunterscheidung verleitet zu Interpretationen, die über diesen engen ‚Entweder-Oder-Rahmen‘ kaum hinaus gelangen können, auch und gerade nicht durch die Annahme eines ‚Dazwischen‘.

NSM erhebt hingegen einen normativen Anspruch, wenngleich weder eindeutig noch widerspruchsfrei.[5] Darüber hinaus werden mögliche Orientierungs*probleme*, die durch Reformen im Geiste des NSM entstehen, bloß auf individuelles Verhalten attribuiert, nicht aber als kollektivbezogene Sachverhalte wahr- und ernstnehmbar. Abweichungen von und Harmonien mit den vorausgesetzten Modellen lassen sich so bloß als individuelle Tatsachen verstehen („Umgangsmuster"). Zum Beispiel widerstreitende Haltungen („zwei Ausprägungen"), die in Amts- oder im Prinzip auch in Personal*union* auftreten können, können aus dieser Perspektive heraus bloß als individuelle Größen verstanden werden, nicht aber als etwas, das ein Amt, vielleicht sogar der Habitus der Verwaltung, jedenfalls ein Kollektiv selbst hervorbringt. Beide Problemfelder tauchen auch im ersten Satz der eben zitierten Stelle auf, allerdings bloß implizit. Denn darin wird das NSM zwar normativ, aber bloß im Sinne eines ‚So-tun-als-ob' verstanden („*wie* [...] Dienstleister/innen agieren [*sollen*]"), das „alte Bürokratiemodell" (Weber) hingegen deskriptiv („Gesetze *ausführen*" im Indikativ). Schließlich scheint mir die These problematisch, dass „der *Begriff* der Kundenorientierung [...] an strukturelle Grenzen [stößt], wenn es um die Ausübung *hoheitlicher* Gewalt geht" (Sondermann et al. 2014: 179, meine Herv., ähnlich Englert/Sondermann 2013). Denn hoheitliches Handeln kann auch begünstigen, etwa im Falle von Subventionsgewährung oder bei der Erteilung der Fahrerlaubnis, und in solchen Fällen entsteht zumindest kein *begriffliches* Problem mit dem ‚Kunden'.[6] Die Perspektiven von DISK unterscheiden sich von diesem Ansatz.

---

5 So können z. B. dessen Dienstleistungs- und Effizienzvorgaben miteinander in Konflikt geraten. Ein „Spannungsverhältnis zwischen den neuen Anforderungen der Kunden- und Effizienzorientierung" beschreiben auch Sondermann et al. 2014 selbst (191).

6 Damit sage ich nicht, dass ich den Kundenbegriff in begünstigenden oder jedenfalls tendenziell nicht-belastenden Kontexten für angemessen halte, sondern nur, dass seine Verwendung dann zumindest prinzipiell möglich wäre. Dass das bloße Einsetzen des Kundenbegriffs und das Klassifizieren von Verwaltungshandeln mit Hilfe eines Dienstleistungsvokabulars Machtverhältnisse tatsächlich nivelliert („Augenhöhe"), bezweifle ich, auch mit Blick auf Fälle, in denen die Verwaltung nicht belastend agiert.

Wir rekonstruieren nicht die „berufsbiographische[n] Flugbahnen" (Schultheis/Vogel 2014: 10) und die persönlichen Haltungen Einzelner, sondern wir fragen, wie *das Amt* auftritt, nach welchen Logiken es interagiert und kommuniziert. Dabei setzen wir nicht ,von oben' normative oder ideale Modelle voraus, um dann etwa Differenzen als individuelle Abweichungen davon zu interpretieren, sondern wir rekonstruieren das Auftreten des Amtes offen (,von unten') aus der konkret erlebbaren Behördenpraxis heraus. Wenn dabei miteinander konfligierende Haltungen auftreten, verstehen wir das als ein Problem, das das Amt selbst hervorbringt und irgendwie lösen muss. Methodologisch gesprochen fragen wir somit in Anlehnung an das Habituskonzept Bourdieus nach dem *kollektiven* Selbstverständnis des Amts, nicht aber nach dem Habitus *von jemandem.* ,Habitus' verstehen wir also als auf ein Feld, jedenfalls als auf ein Kollektiv bezogen, auch wenn Bourdieu selbst diese Bedeutungsvariante nicht ausgearbeitet hat.[7] Somit gehen wir zwar davon aus, dass das Verhältnis zwischen Verwaltung und Bürgerin immer auch Machtverhältnisse (re)artikuliert, ob dabei nun von Kunden die Rede ist oder nicht. Aber es geht uns nicht darum, diese Machtverhältnisse bloß aufzuspüren und in direktem Anschluss an Bourdieu Gegensätze zwischen Dominanten und Dominierten nachzuzeichnen. Deshalb verbinden wir die Frage nach dem Habitus mit einer ethnomethodologischen Perspektive, also mit der Frage nach lokalen Kommunikations- und Interaktionspraktiken (,Doing Amt'), nur nehmen wir dabei eben nicht an, dass Machtverhältnisse *ausschließlich* durch solche Praktiken erst *hergestellt* würden.[8] Kurz: Wir fragen offen nach dem Selbstverständnis des von uns untersuchten Amtes, ohne eine Modellschablone vorauszusetzen und zu rekonstruieren. Dabei konzentrieren wir uns aus einer weiten Perspektive heraus auf Amtskommunikation im Sinne von ,Auftreten'. Wir reduzieren ,Kommunikation' also nicht auf Sprache, verbinden das Projekt aber dennoch mit Forschung zur

---

7 Diese Tatsache übersieht Franz Schultheis (2012) in seiner „Feldtheoretischen Annäherung" an den Öffentlichen Dienst. Vgl. ausführlich zur problematischen Rede von feldspezifischen Habitus: Guthoff 2013.

8 Vielleicht ließe sich im Anschluss an Bourdieu das Kennen von Rechtsvorschriften als das spezifische symbolische Kapital der Verwaltung verstehen, dieser Gedanke ist zurzeit aber noch zu unausgegoren (vgl. Fn. 11).

Sprache der Verwaltung; diese stellt nämlich, wie ich in Abschnitt (3) zeigen werde, ein Orientierungsangebot bereit, mit dem man – innerhalb der Forschung, aber auch innerhalb der Verwaltung – über das Denken in zwei Modellen hinausgehen kann (vgl. auch Fn. 4).

Ein besonderes Augenmerk legt DISK auf Phänomene aus dem Bereich Gestaltung und Design. Dabei gehen wir grundsätzlich davon aus, dass Design nicht bloß ein Luxusgut ist, das zur eigentlichen Kommunikation, zum eigentlichen Auftritt bloß noch hinzukäme; Gestaltung ist nicht bloß schick, Gestaltung erfüllt Funktionen und prononciert auch den ‚Wind‘, der im Amt weht. Bereits die Alltagserfahrung belegt, dass Kommunikation mehr umfasst als bloß sprachliche Phänomene; natürlich gehören Gestik, Mimik und Stimme dazu, wenn jemand spricht, aber auch zum Beispiel Architekturen, Raumatmosphären und Sitzpositionen: „Bauweise und Anordnung der Möbel steuern die soziale Interaktion, indem sie Nähe, Blickkontakt und Körperhaltung mitbestimmen [...]"[9] Eine Amtsszene aus dem berühmten Stummfilm *Das Kabinett des Dr. Caligari* (1920), die sich etwa zwischen der siebten und der elften Filmminute abspielt, verdeutlicht das auf ebenso eindrückliche wie köstliche Art und Weise: Jemand geht aufs Amt, um einen Antrag zu stellen. Er durchquert beengende und beängstigende Flure und trifft dann in der noch beengteren Amtsstube auf den hoch oben, aber mit gekrümmten Rücken ‚thronenden‘ Stadtsekretär, der sprichwörtlich die widersprüchliche Radfahrposition einnimmt. Dass auch Grafik-Design Funktionen erfüllt, wird vor allem dann deutlich, wenn anvisierte Funktionen wie in folgender Abbildung 1 *nicht* erfüllt werden:

---

9 Richard Peel, „Die Psychologie des Wohnzimmers. Wer wohnt wo?", in: Psychologie Heute, 9, 1982, S. 20-29, zit. n. Bosetzky/Heinrich 1986: 37.

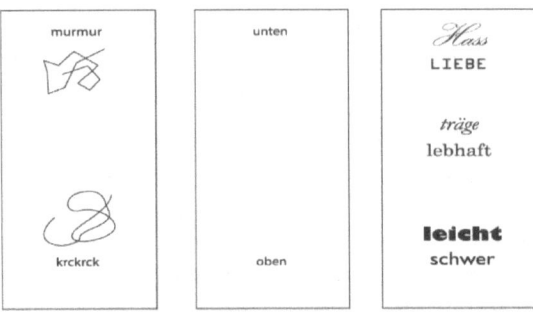

Abb. 1: Typografie und Layout: dysfunktional (eigene Darstellung).

Das Beispiel in der Mitte von Abbildung 1 ist selbsterklärend; das Beispiel links verkehrt die Stimmungen, die einerseits qua Text und andererseits qua Form artikuliert werden, und das Beispiel rechts illustriert die Macht der Typografie. Auf diese stellt auch die folgende Abbildung ab, da die (typo)grafische Gestaltung des Textes dem Text selbst nicht angemessen ist (Ethik und Ästhetik im (typo)grafischen Konflikt. Aus: *Fluch Dich frei. Schimpfwörter zum Ausmalen und Verschenken*, Bildner Verlag, Passau: 2016):

Abb. 2: Ethik und Ästhetik im (typo)grafischen Konflikt. Aus: *Fluch Dich frei. Schimpfwörter zum Ausmalen und Verschenken*, Bildner Verlag, Passau: 2016

Eine grafische Gestaltung impliziert immer auch eine Geste, und kein Text ist nicht gestaltet. Deshalb kommt es auch bei der klassischen Post vom Amt (vgl. unten Abb. 5) nicht allein auf Fragen des Text-Verstehens an. Das übersehen jedoch in der Regel auch diejenigen Arbeiten zum Thema Amts*sprache*, die zwar die Bedeutung von Typografie und Layout thematisieren, damit jedoch nicht Gesten und Stimmungen, sondern bloß Aspekte wie ‚Übersichtlichkeit' ansprechen (z. B. Blaha 2017, Wilhelm 2011, Gruber-Pickartz 2011).

3 Die Sprache der Verwaltung. Normen und Orientierung.

Innerhalb der Forschung zur Sprache der Verwaltung werden in der Regel weder systematisch noch standardmäßig ein altes und ein neues Bürokratiemodell (Weber vs. NSM) gegenübergestellt. Die Argumentationen und mit ihnen die normativen Optionen sind vielfältiger und feinkörniger. Fachwissenschaftliche Beiträge zur Sprache der Verwaltung entstehen im Wesentlichen in der Germanistik und in der Literaturwissenschaft (z. B. Blaha 2010, 2011; Fluck 2010, 2011; Sechi 2003) sowie in der Linguistik (z. B. Schendera 2002). Oftmals bestehen auch Verbindungen zwischen Forschung und verwaltungsinternen Projekten.[10] Zahlreich sind auch die Berichte über Projekte, die das Phänomen Amtssprache aus der Verwaltung selbst heraus bearbeiten (z. B. Herzberg (Hg.) 2015). Daneben erscheinen Ratgeberliteratur (z. B. Berger 2004) und Richtlinien oder Leitfäden, die aus der Verwaltung heraus entstehen (z. B. Bundesverwaltungsamt (Hg.) 2002). Grundsätzlich steht innerhalb dieser Arbeiten ‚Verständlichkeit' in der Regel im Zentrum, vielfach wird aber nicht genau erläutert, für wen Amtssprache verständlich sein soll, oder es wird einfach die Tatsache genauer bestimmt, dass ein Text unterschiedlich gedeutet werden kann (z. B. Schendera 2002). Manchmal wird auch so etwas wie eine „fiktive[n] […] durchschnittliche[n] Auffassungsgabe" (Scherzberg

---

10 Herauszuheben ist dabei die IDEMA GmbH, ein inzwischen kommerzielles Unternehmen unter der Leitung von Michaela Blaha, das aus einem gleichnamigen Forschungsprojekt an der Ruhr-Universität Bochum hervorgegangen ist. IDEMA steht für „Internetdienstleistungen für eine moderne Amtssprache", „Internetdienstleistungen", weil die GmbH unter anderem Zugriff auf Datenbanken und Textmaterial zur Verfügung stellt.

2015: 38) angenommen. Die Frage, welche Ausschlüsse die unbestimmte Rede von ‚Verständlichkeit' erzeugt, wäre eine eigene Analyse wert.

Der Sache nach überschneidet sich die Sprache des Amts auch mit der *Sprache des Rechts,* so der Titel einer umfangreichen, drei Bände umfassenden Schriftenreihe der Berlin-Brandenburgischen Akademie der Wissenschaften (Lerch (Hg.) 2004, 2005). Aber Rechts- und Verwaltungssprache sind nicht miteinander identisch: „Die Sprache der Verwaltung ... ist nicht die Sprache des Rechts", so reformulierte Arno Scherzberg (2015) einen seiner Aufsatztitel.[11] Dementsprechend unterscheiden sich auch die Motivationen, die Thesen und die Argumentationen innerhalb der Forschung zu beiden Gebieten. Auch wenn ich die Positionen hier nicht detailliert rekonstruieren kann (einen exzellenten Überblick gibt Scherzberg 2015), lässt sich so viel aber sagen: Die Debatten um die Sprache des Rechts werden kontroverser geführt als diejenigen um die Sprache der Verwaltung. So finden sich im ersten Fall weitaus häufiger eindeutige Positionen wie etwa „Recht will formal sein" (Fish 2004, ähnlich z. B. Felder 2008, Schendera 2004). Ein ebenso eindeutiges Pendant lässt sich innerhalb der Arbeiten zur Sprache der Verwaltung jedoch nicht finden, etwa dergestalt, dass Verwaltungssprache „steif, verworren, unverständlich, weitschweifig" (Fluck 2011) sein *will.*

Das hängt, soweit ich sehe, nicht zuletzt damit zusammen, dass die These, die Sprache des Rechts sei eine Fachsprache (für Fachleute), auch als Argument für ihre ‚Unantastbarkeit' angeführt werden kann – ein Zug, der in Sachen Verwaltungssprache nicht gemacht werden kann und faktisch auch nicht gemacht wird. Zwar wird die Position, die Sprache der Verwaltung sei ebenfalls eine Fachsprache, ebenso vertreten (z. B. Scherzberg

---

11 Frei daran anschließend tendiere ich zu der These, dass der Habitus der Verwaltung nicht der Habitus des rechtlichen Feldes ist, und dass genau diese Unterscheidung für beide Felder distinktionsrelevant sein könnte. Ich kann nicht nachvollziehen, warum Scherzberg diese Differenz im Titel so stark macht, schließlich aber meint, dass Ralph Christensens (2004) Überlegung, (bloß!) die „gut begründete Entscheidung" durch Richterinnen mache das Recht verständlich, „in gleicher Weise auf die ebenfalls rechtskonkretisierend tätige Verwaltung bezogen werden" könne (Scherzberg 2015: Fn. 63, meine Herv.). Genauer ausarbeiten kann ich das hier nicht.

2015, Klein 2014, Heinrich 2014) wie die Gegenposition (z. B. Blaha 2017, Fluck 2010). Aber selbst diejenigen Autorinnen, die die Sprache der Verwaltung als Fachsprache klassifizieren, folgern daraus weder, dass diese Sprache bloß für Fachleute verständlich sein, noch, dass deren Anmutung erhalten bleiben solle. Vielmehr beschreiben sie soziale Funktionen dieser angenommenen Fachsprachlichkeit, etwa das Zurschaustellen von Fachkompetenz oder Absicherungsstrategien. Insbesondere Heinrich 2014 beschreibt das Schreiben im Amt als eine kulturelle Praxis zwischen „Risiko und Macht" (56): „Neben der Risikominderung ist es der *Gestus* der Macht, der die Verwaltungssprache als Element der Verwaltungskultur kennzeichnet" (60, meine Herv.); dabei seien auch Mechanismen der „Angst" relevant (57), am Schluss dieses Abschnitts komme ich darauf noch einmal zurück. Insgesamt zielen jedenfalls alle Arbeiten zum Amtsdeutsch in der Regel auf eine *Veränderung* desselben ab. Auf ihnen lastet jedoch ein Argumentationsdruck, der umfangreicher ist als bei denjenigen Arbeiten, die die Sprache des Rechts als Fachsprache klassifizieren. Wie genau dabei argumentiert wird, ist allerdings keineswegs immer eindeutig. Oft werden mehrere Standpunkte und damit normative Haltungen miteinander verwoben.[12] Diese Problematik erläutere ich hier exemplarisch anhand von Michaela Blahas Aufsatz „Nur für Eingeweihte? Das Amt und seine Sprache" (2017).

Dieser Beitrag ist besonders einschlägig, weil Blaha einerseits eine wissenschaftliche Perspektive mit jahrelanger Behördenberatungserfahrung verbindet (Idema GmbH, vgl. Fn. 11), und, weil sie in diesem Aufsatz eine Vielzahl von Standpunkten geltend machen möchte, die immer wieder vertreten werden, nur eben selten mit Bestimmtheit. Ich verstehe diesen Aufsatz hier also stellvertretend für die vielen Arbeiten, die zum

---

12 „Die Verwaltungssprache ist Mittlerin zwischen Rechtssprache, verschiedenen Fachsprachen und Gemeinsprache – oder sollte es wenigstens sein" schreibt zum Beispiel Hans-R. Fluck (2010: 33, meine Herv.), aber aus seinem Aufsatz geht nicht eindeutig hervor, woher das „sollte" eigentlich kommen soll(te). Bewegungen dieser Art, mit denen einerseits normative Vorgaben gemacht werden („sollte"), deren Herkunft oder Begründung jedoch nicht eindeutig zuordbar ist (warum sollte …?), tauchen innerhalb von Arbeiten zur Sprache der Verwaltung immer wieder auf.

Thema erscheinen. Blaha stellt ein wenig genervt fest, dass „das Thema ‚Sprachqualität' [...] in der Verwaltungsorganisation nirgends verlässlich verankert [ist]" (33) und „je nach Behörde" (ebd.) andere Instanzen dafür zuständig seien, „oder auch niemand. [...] Wo niemand zuständig ist, kann sich auch nichts verändern" (ebd.). Sie moniert also das Fehlen von verbindlich verantwortlichen Instanzen, und damit implizit auch das Fehlen von normativen Vorgaben. Trotzdem und deshalb fordert sie, dass „eine hohe Textqualität zur verbindlichen Vorgabe werden *muss*" (35, meine Herv.). Sie plädiert einerseits für den Erwerb von Schreibkompetenzen schon während der Verwaltungsausbildung und andererseits für disziplinarische Sanktionen bei „fehlende[r] Bereitschaft oder Kompetenz, verständlich zu schreiben" (ebd.). Beide Plädoyers formuliert sie mit einem normativen Anspruch (zwei Mal „muss"). Aus der Gesamtargumentation geht jedoch die Begründung für diese Forderungen nicht eindeutig hervor. Insgesamt sehe ich in diesem Aufsatz mindestens vier, wenn nicht fünf Argumentationslinien.

Eine „hohe Textqualität" lässt sich zum Beispiel vom Standpunkt der Germanistik aus einfordern, nur schwer aber vom Standpunkt des Rechts, oder wenn doch, dann mit einer anderen Bedeutung von ‚Qualität'; eine Juristin würde das so sicher nicht formulieren. Blaha formuliert dieses Argument also (i) aus ihrer Profession heraus. Vom (ii) Standpunkt des Rechts lässt sich vielleicht ‚verständliches Schreiben' als *Bürgerrecht* einfordern (so auch im Titel eines Duden-Bandes: Eichhoff-Cyrus/Antos (Hg.) 2008). Diesen Standpunkt vertritt die Autorin, wenn sie einleitend das Transparenzgebot referiert, genauer, dass ein Verwaltungsakt nach § 37 des Verwaltungsverfahrensgesetzes „hinreichend bestimmt" sein müsse (35 f.). Hinzu treten (iii) der Standpunkt der Effizienz und (iv) der Standpunkt der Dienstleistung: Adressatengerechte Texte führten zu weniger Missverständnissen und damit (iii) zu weniger Rückfragen (33); außerdem artikulierten sie (iv) eine Dienstleistungshaltung, wobei jedoch nicht ganz klar ist, was Blaha davon hält (31). Schließlich scheint mir aber auch (v) Blahas eigenes Demokratieverständnis bisweilen durchzuschimmern, etwa dann, wenn sie einen „politischen und gesellschaftlichen Willen" (33) zur Veränderung vermisst. Die Autorin stellt damit nicht ein altes und ein neues Bürokratieverständnis gegenüber, sie vertritt mehrere Standpunkte. Allerdings verbindet sie diese zu *einer* Argumentation, ohne die Argumente jedoch zu gewichten. Aus dieser undifferenzierten Gesamtheit leitet sie ihre normativen Forderungen ab.

Dieses Vorgehen taucht im Zusammenhang mit Amtssprache immer wieder auf, es handelt sich dabei nicht um Blahas Privatproblem, ich nenne hier nur noch einige Beispiele: „Es ist aber auch eine Form von Höflichkeit und Achtung dem Bürger gegenüber […] Transparente Texte helfen *also* Kosten sparen" (Allefeld 2010: 24, meine Herv.). Ähnlich heißt es bei Fluck 2010, ein verständlicherer Text „freut nicht nur den Bürger, sondern spart den Verwaltungen auch Zeit und Geld" (36); Burkhard Margies (2008) verbindet ebenfalls diese beiden Standpunkte, ohne sie zu gewichten: „Behördentexte [wirken] schwerfällig […] Darunter leidet die Motivation […] Nicht zuletzt kommt es zu Effizienzverlusten" (262 f.), und Christa Peter und Georg Krümpelmann (2014: 195) formulieren diese Einschätzung mit Blick auf die Behörde umgekehrt: „Effektiv ist das nicht. Hinzu kommt der Imageschaden für die Behörde." In diesem Vermischen von Standpunkten und Argumentationen artikuliert sich m. E. ein Orientierungsproblem, das so weit ich sehe bislang nicht systematisch beschrieben worden ist: An welchen Normen orientiert sich die Sprache der Verwaltung faktisch, an welchen Normen kann sie sich orientieren, an welchen darf sie sich orientieren, an welchen soll sie sich orientieren, und wer bestimmt das?[13] M. E. greift man zu kurz, wenn man diese Fragen aus einer Perspektive in Angriff nehmen möchte, die bloß zwei normative Angebote (Weber vs. NSM) bereitstellt. Auch Blaha selbst führt einen weiteren Aspekt an, der deutlich über das Gegenüberstellen zweier Bürokratieverständnisse hinausgeht.

---

13 Eine Ausnahme bildet hier die beeindruckende Habilitationsschrift von Susanne Baer „Der Bürger" im Verwaltungsrecht. Subjektkonstruktion durch Leitbilder vom Staat (2006), die jedoch innerhalb der für unseren Projektkontext relevanten Literatur nicht rezipiert wird. Baer beantwortet darin zwar nicht explizit die eben gestellten Fragen, zeigt aber systematisch normative Prinzipien auf (mehr als bloß zwei), anhand derer das Verhältnis von Staatsverständnis und Bürgerin bestimmt worden ist und bestimmt werden kann.

Blaha weist nämlich auch darauf hin, dass „die Behörde [...] darauf bedacht [ist], ‚juristisch wasserdicht' zu formulieren" (30). Quasi-ethnografisch legt sie aus ihrer Beratungserfahrung heraus dar, dass „viele Verfasser von Bescheiden etwa die Meinung [vertreten], der *eigentliche* Adressat des Bescheides sei sowieso nicht der Empfänger, sondern dessen Anwälte beziehungsweise der Richter in einem eventuellen Gerichtsverfahren" (32). Ähnlich arbeitet Heinrich 2014, ebenfalls deskriptiv aber mit unklarer empirischer Basis, aus der „Rechenschaftspflicht gegenüber Vorgesetzten und d[em] Prinzip der absoluten Bindung an Recht und Gesetz [...] potenzielle Gefährdungen" (56) heraus, wie etwa „Kritik, Ermahnungen oder Vorwürfe mit den psychologischen Folgen von Verunsicherung, Peinlichkeit und Angst" (ebd.). Der Autor deutet diese „Gefährdungen" hier zwar individualistisch („psychologische Folgen"), an einer anderen Stelle bezieht er seine Gedanken aber auch klar auf eine kollektivistisch verstandene Verwaltungskultur. Dabei begreift er sogar eine Eigenschaft eines Artefakts (Text) und damit nicht etwas Personenbezogenes als eine Äußerung, die der Habitus der Verwaltung zwischen „Risiko und Macht" (op. cit.) hervorbringt: „Eine korrekte Fachsprachlichkeit von Verwaltungstexten ist vor allem ein Absicherungsfaktor nach innen" (59). Etwas anders nuanciert beschreiben Fisch und Margies eine ebenfalls kollektivistisch verstehbare „quasi-Zweisprachigkeit" (2014: 227). Am pointiertesten formuliert den hier relevanten Aspekt aber Scherzberg (2015: 47, meine Herv.):

> „Wenn es richtig ist, dass die Begründung *einerseits* die juristische Nachvollziehbarkeit der Entscheidung herstellt und *andererseits* der Sinnvermittlung an den Betroffenen dient, *sind amtliche Schreiben de facto zweifach adressiert:* an die behördeninternen und externe Kontrollinstanzen, also etwa die Vorgesetzten, die Widerspruchsbehörde und das Verwaltungsgericht und an die Adressaten des Bescheids oder Schriftsatzes."

Auch diese Formulierung ist deskriptiv zu verstehen („de facto"). Für unseren an Inszenierung (‚Doing Amt') interessierten Ansatz ist diese klare These der Zweifachadressierung besonders aufschlussreich. Denn sie geht nicht nur über eine bloße Gegenüberstellung zweier Bürokratieverständnisse hinaus, sie eröffnet vielmehr eine Perspektive auf Bürokratie, die ohne eine solche Gegenüberstellung auskommt. Ich möchte sie so reformulieren: Verwaltungsmitarbeiterinnen lassen sich als Figuren beschreiben, die auf einer Bühne sitzen, welche von *zwei* Publika umgeben ist, eines befindet sich vor der Bühne (Bürgerinnen), und eines dahinter (Kontrollinstanzen). Der Vorhang nach hinten ist immer auf, vielleicht gibt es auch gar keinen, und die Normen, an denen sich diese Beziehung orientiert, sind klar („juristisch wasserdicht").[14] Da aber keine konkreten Normen zur Gestaltung der Amt-Bürgerinnen-Kommunikation von einer „übergeordnete[n] Instanz" (Fisch 2011: 576) vorliegen und auch das NSM diese Leerstelle nicht füllt, ist nicht klar, wie der Auftritt gegenüber dem Publikum vor der Bühne gestaltet werden könnte und sollte – und zwar nicht bloß nicht in den Köpfen einzelner devianter Bürokraten, sondern *im Amt*. Fisch 2011 schließt der Sache nach an Scherzbergs These von der Zweifachadressierung an, geht aber auch darüber hinaus. Er beschreibt (möglicherweise?) faktisch vorhandene Normen von Verwaltungssprache, vermutlich quasi-ethnografisch, aber leider nur in einer Fußnote und ohne empirische Referenz:

> „Erfahrene Verwaltungsbeamte machen darauf aufmerksam, dass eine korrekte [gerichtsfeste, HG] aber wenig verständliche Sprache […] die Empfänger veranlassen *soll*, sich sehr genau zu überlegen, ob sie Widerspruch […] einlegen" (Fisch 2011: Fn. 6, meine Herv.).

Auch damit wäre eine Beschreibung gefunden, die sich weder in den Kategorien des NSM, noch im Anschluss an Weber fassen ließe. Wenn Fischs Beschreibung zutrifft, wären nicht etwa Kunden- und Effzienzorientierung (NSM) als ‚Doing Amt' zu deuten, sondern vielmehr ‚ira et studio' (Zorn und Eifer), was Weber jedoch gerade *nicht* als Kennzeichen für Bürokratie beschrieben hatte (*sine* ira et studio).

Insgesamt lässt sich also festhalten: Einheitliche, verbindliche und konkrete Normen zur Gestaltung der Sprache der Verwaltung, die für jede Behörde und für alle Verwaltungszweige gelten, liegen nicht vor. Inner-

---

14 Dabei spielt es keine Rolle, ob ein Schreiben tatsächlich „juristisch wasserdicht" formuliert ist oder nicht. Für die Frage nach der normativen Orientierung genügt es, dass dieser Anspruch eine Richtschnur sein dürfte.

halb der *Forschung* zur Sprache der Verwaltung werden hingegen normative Standpunkte vorgestellt und eingenommen, selten aber mit Bestimmtheit. Darüber hinaus wird die Sprache der Verwaltung als kulturrelevant beschrieben, und die dabei beschriebenen Normen (Scherzberg: Zweifachadressierung; Heinrich/Fisch: Nutzen von Nicht-Verständlichkeit) unterscheiden sich teilweise von denjenigen, mit denen *für* eine Veränderung der Verwaltungssprache argumentiert wird. Jede der genannten Argumentationen ließe sich zwar irgendwie auf das Webersche Bürokratiemodell einerseits oder auf das NSM anderseits beziehen; dabei würden aber, so meine ich, die Feinkörnigkeit und die analytische Schärfe der genannten Argumentationen und Befunde verloren gehen. Darüber hinaus fällt auf, dass keiner der in diesem Abschnitt genannten Beiträge die Unterscheidung zwischen hoheitlichem und nicht-hoheitlichem und/oder diejenige zwischen eher belastendem und eher nicht-belastendem Verwaltungshandeln relevant macht (vgl. Abschnitt (2)) – mit einer Ausnahme (Scherzberg 2015: 40), darauf komme ich in Abschnitt (5) zurück. Für die Verwaltungs*praxis* scheinen solche Unterscheidungen aber ebenso relevant zu sein wie die grundsätzliche Frage nach den Normen zur Gestaltung von Kommunikation.

4 Gesundheitsamt von Berlin Neukölln: Auftreten, Zuständigkeiten, Leichen.

Grundsätzlich ist es zwar nicht so, dass dem Gesundheitsamt außer dem Verwaltungsverfahrensgesetz überhaupt keine extern formulierten Vorgaben zur Gestaltung seines Auftretens vorlägen, aber die vorliegenden Normen sind einerseits vage und andererseits nicht für jeden der vielen Kontexte geeignet, mit dem dieses Amt zu tun hat. Konkret kann und muss sich das Amt einerseits an der Gemeinsamen Geschäftordnung der Berliner Verwaltung (GGO I) orientieren und andererseits am Corporate Design des Berliner Senats (Kopfbögen, Internetauftritt). Zusätzlich wurde ab 2011 ein spezifisches, farbenstarkes Corporate Design für den Bezirk Neukölln eingeführt (Druckdatei zur Verfügung gestellt von der Agentur Andesee):

Abb. 3: Beispiel für das Corporate Design des Bezirks Neukölln (Druckdatei zur Verfügung gestellt von der Agentur Andesee).

Dies umfasst auch eigene Logos der Abteilung Jugend und Gesundheit umfasst, wie neben Abbildung 3 auch die vom Gesundheitsamt Neukölln verwendete Karte zur Ankündigung eines Ersthausbesuchs (Druckdatei zur Verfügung gestellt von der Agentur Andesee) zeigt:

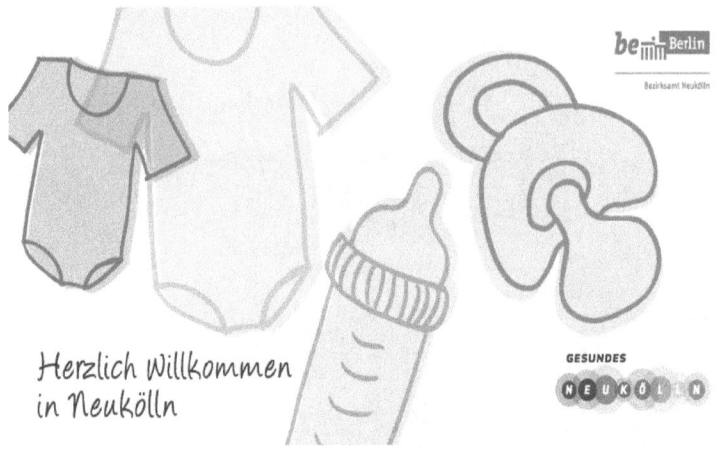

Abb. 4: Karte zur Ankündigung des sog. Ersthausbesuchs. Gedrucktes Exemplar zur Verfügung gestellt vom Gesundheitsamt Neukölln; Druckdatei zur Verfügung gestellt von der Agentur Andesee, auch online unter www.andesee.de.

Diese bezirksspezifischen farbigen Logos wurden eine Zeit lang auch im Kopfbogen innerhalb des klassischen Schreibens vom Amt eingesetzt. Inzwischen liegt dafür jedoch eine andere Richtlinie des Bezirksamts vor, und zwar eine, die explizit die Unterscheidung zwischen belastendem und anderem Verwaltungshandeln, nicht aber diejenige zwischen hoheitlichem und nicht-hoheitlichem Handeln grafisch – und damit eben auch: gestisch – artikuliert.

Denn den Bediensteten werden zur Gestaltung ihrer Kopfbögen *zwei* Logos zur Verfügung gestellt: eines für den „[s]tandardmäßig[en]" Fall (vgl. Abb. 3 und Abb. 4 jeweils oben rechts: be-Berlin-Logo), und ein anderes ohne „be" für „Verwaltungsentscheidungen bzw. Schriftwechsel[n], die einen belastenden Charakter entfalten" (zitiert aus einer internen Anleitung des Bezirksamts Neukölln), wie das Muster eines Anschreibens bei ordnungsbehördlichen Bestattungen durch das Gesundheitsamt Berlin zeigen (zur Verfügung gestellt vom Gesundheitsamt Neukölln):

Bezirksamt Neukölln von Berlin
Abteilung Jugend und Gesundheit
Gesundheitsamt
Hygiene und Umweltmedizin

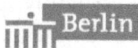

Geschäftszeichen: (bitte immer angeben)
xxx

Bearbeiter/in:
xxx

Dienstgebäude:
Straße xxx, 12345 Berlin
Zimmer: xxx

Tel.:   (030) xxx -
intern: xxx -
Fax: (030) xxx -

xxx@
bezirksamt-neukoelln.de
(bei Nutzung der E-Mail Adresse erfolgt
keine elektronische Zugangseröffnung
gem. § 3a Abs. 2 Satz 1 VwVfG)

http://www.berlin.de/ba-neukoelln/

Datum: xxx

Bezirksamt Neukölln von Berlin, 12040 Berlin

Bestattung des am 01. 02. 2017 Verstorbenen

Sehr geehrter xxx,

dies ist ein Blindtext. Lorem ipsum dolor sit amet, consectetuer adipiscing elit. Aenean commodo ligula eget dolor. Aenean massa. Cum sociis natoque penatibus et magnis dis parturient montes, nascetur.

Blindtext geht weiter. ridiculus mus. Donec quam felis, ultricies nec, pellentesque eu, pretium quis, sem. Nulla consequat massa quis enim.

Und noch mehr Blindtext. Donec pede justo, fringilla vel, aliquet nec, vulputate eget, arcu. In enim justo, rhoncus ut, imperdiet a, venenatis vitae, justo. Nullam dictum felis eu pede mollis pretium. Integer.

Wieder Blindtext. tincidunt. **Cras dapibus.** Vivamus elementum semper nisi. Aenean vulputate eleifend tellus. Aenean leo ligula, porttitor eu, consequat vitae, eleifend ac, enim. Aliquam lorem ante, dapibus in, viverra quis, feugiat a, tellus. Phasellus viverra nulla ut metus varius laoreet. Quisque rutrum. Aenean imperdiet. Etiam ultricies.

Auch hier Blindtext. nisi vel augue. Curabitur ullamcorper ultricies nisi. Nam eget dui. Etiam rhoncus. In enim justo, rhoncus ut, imperdiet a, venenatis vitae, justo. Nullam dictum felis eu pede mollis pretium.

Mit freundlichen Grüßen
Im Auftrag

Verkehrsanbindungen:
Rathaus: U-Bahn (Ux); Bus xxx
Dienstgebäude: Straße xxx
Bitte benutzen Sie die öffentlichen Verkehrsmittel
xxx@ba-neukoelln.berlin.de
(für Dokumente mit elektronischer Signatur, elektronische Zugangseröffnung gem. §3a Abs 1 VwVfG)

Bankverbindungen:
Zahlungen bitte unbar an die Bezirkskasse Neukölln
Geldinstitut x   IBAN
Geldinstitut x   DE xx xxxx xxxx xxxx xxxx xx
Geldinstitut x   DE xx xxxx xxxx xxxx xx
Geldinstitut x   DE xx xxxx xxxx xxxx xxxx xx

Abb. 5: Anschreiben bei ordnungsbehördlichen Bestattungen. Zur Verfügung gestellt vom Gesundheitsamt Neukölln, hier anonymisierte und selbst mit Blindtext versehene Darstellung.

Das grafische Element ‚Logo' soll also *zwei* unterschiedliche Kategorien von Verwaltungshandeln in Szene setzen. Dabei vermittelt die eine Variante (ohne ‚be') zumindest einen stempelhaften statischen, und die andere Variante (mit ‚be') einen eher dynamischen und inkludierenden Charakter. Ein solcher wird durch das Neuköllner Corporate Design noch stärker betont. Denn dieses setzt auf eine leichte, fröhliche, gehobene Stimmung, indem es vor allem farbige Kreise, eine dynamische Schriftart und entsprechende Fotografien verwendet (vgl. Abb. 3). Insgesamt wird dadurch auch der Eindruck von Aktivität und Glück oder jedenfalls Zufriedenheit vermittelt; das Amt hat aber auch mit Kontexten jenseits davon zu tun. Für tendenziell belastendes Verwaltungshandeln und/oder für solches, das zum Beispiel im Umfeld von Krankheit und Tod, oder allgemeiner und metaphorisch: in eher grauen, ‚unbunten' Kontexten stattfindet, stehen dem Neuköllner Gesundheitsamt nur sehr eingeschränkte gestalterische Möglichkeiten zur Verfügung. Da dessen Aufgabenspektrum enorm breit gefächert ist, muss es jedoch auf diese vagen und/oder nicht immer angemessenen Optionen zurückgreifen, oder aber selbst Gestaltungsoptionen erarbeiten. Aber abgesehen davon, dass die Bediensteten dafür nicht ausgebildet sind, kann das Amt auch nicht qua kollektivem Berufsethos eigene Kommunikationsstandards entwickeln.

Bereits zu Beginn unserer Studie wurde anhand von Experteninterviews und Dokumentenanalysen deutlich, dass dieses Amt *als Einheit* in erster Linie auf dem Papier existiert. Keine der von uns interviewten Kräfte spricht von Kundinnen oder Kunden, vielmehr fallen die Bezeichnungen fachbereichs- und manchmal auch prozess-, nicht aber beschäftigtenspezifisch aus. Während man in einem Fachbereich vorwiegend von „Menschen" spricht, ist in anderen Fachbereichen eher von „Klienten" oder „Patienten" die Rede. Anderswo werden die Zielgruppen ganz spezifisch als „Kinder" oder „Schüler" bezeichnet, und oft ist auch von „Meldern" oder „Beschwerdeführern" die Rede: „Es exisitiert[e] keine für das Gesundheitsamt allgemein verbindlich akzeptierte Wertehaltung im Umgang mit dem Kunden" (Bußmann et al. 1998: 11). Im Anschluss an Dieter Grunow ließe sich von einer „multiple[n] Identität" sprechen, von einer „Einheit mit hoher Binnenkomplexität", die „kein klares Profil […], kein ‚Kerngeschäft' [hat]" (Grunow 2007: 7). Die damit verbundene Heterogenität wird in unserem Fall abermals verstärkt durch den Umstand, dass die einzelnen Dienststellen über den Bezirk verteilt sind. Grunows Befund konnten wir, auch im Anschluss an Bußmann et al. 1998 eindeutig replizieren. Ich spreche dabei von einem ‚Zersplitterten Wir', betone aber, dass dieser Befund bei DISK, anders als bei Grunow, keine normative Kritik impliziert. Wir verstehen das Zersplitterte Wir deskriptiv (genauer dazu Guthoff 2018). Es artikuliert sich mehrfach innerhalb unserer Interviews und Beobachtungsprotokolle, besonders deutlich immer dann, wenn die Beschäftigten das Pronomen ‚Wir' bloß auf den je eigenen Fachbereich, nicht aber auf das Amt im Ganzen beziehen. Das Zersplitterte Wir artikuliert sich darüber hinaus auch innerhalb der Broschüre *Wegweiser durch das Gesundheitsamt Neukölln* (Bezirksamt Neukölln 2018/2015). Denn diese möchte einen Überblick über *das Amt* geben, schafft das aber grafisch nicht. So scheitert etwa der Versuch, unterschiedliche Strukturmerkmale innerhalb eines Organigramms simultan abzubilden, namentlich hierarchie-, standort- und aufgabenbezogene. Allein dadurch wird deutlich, dass das Amt sich nicht eindeutig auf eine gemeinsame Kommunikationsstrategie einigen kann, mit der es die ‚Normenlücke' schließen könnte. Insbesondere dann, wenn das Amt tendenziell belastend und/oder in ‚unbunten' Kontexten auftritt, steht nur ein stimmungsmäßig eingeschränktes und starres Gestaltungsrepertoire zur Verfügung.

Da der organisationellen Amts-Einheit nur eine sehr schwache Entsprechung in der sozialen Realität entspricht (Zersplittertes Wir), ist das Neuköllner Gesundheitsamt von diesem Umstand somit besonders betroffen. *Innerhalb* der Fachbereichsstruktur wiederholt der Fachbereich Hygiene und Umweltmedizin das Zersplitterte Wir am deutlichsten. Während der Zahnmedizinische Dienst noch das klarste fachbereichsspezifische Profil hat, lässt sich im Fachbereich Hygiene und Umweltmedizin kaum noch von so etwas wie einem Profil sprechen.[15] Keines seiner Medien ist nach Maßgabe des Neuköllner Designs gestaltet, vielmehr liegt ein Sammelsurium an von den Bediensteten selbst erstellten Materialien vor, zum Bei-

---

15 Im Sinne der Fallkontrastierung (Theoretical Sampling: Strauss 1991, Strauss/Corbin 1998) haben wir diese beiden Fachbereiche für die weitere Forschung ausgewählt. Forschungslogisch steht die Kontrastierung noch aus, hier beschränke ich mich daher auf die Erhebungen im Fachbereich Hygiene und Umweltmedizin.

spiel Merkblätter verschiedenster Art, die sich online mit etwas Mühe finden lassen. In diesem Fachbereich finden äußerst unterschiedliche Berufsgruppen zusammen, und das Aufgabenspektrum ist maximal diversifiziert. So fallen etwa das Kontrollieren von Badebeckenwasser, Seuchenschutz, Ermitteln bei meldepflichtigen Krankheiten, oder möglicherweise Beratung bei Schimmelbefall und Ungeziefer in Privatwohnungen ebenso in das Aufgabengebiet wie ordnungsbehördliche Bestattungen, „das ist eine Fülle an Aufgaben", sagte man uns. Das Selbstverständnis dieses Fachbereichs lässt sich nicht auf einen gemeinsamen, berufsethischen Nenner bringen, genau das macht u. E. aber sein Selbstverständnis aus. Sogar darüber, ob man sich als Ordnungsbehörde versteht, besteht Uneinigkeit. So heißt es in einem Interview etwa ganz klar: „Wir *sind* eine Ordnungsbehörde", in einem anderen Gespräch jedoch ebenso klar: „Wir *sind nicht* [...] [eine, HG] Ordnungsbehörde [...]"[16]. Zwar stammen diese Aussagen von unterschiedlichen Personen auf unterschiedlichen Hierarchieebenen, sie wurden aber auch in unterschiedlichen Kontexten getätigt. Ich deute sie deshalb *nicht* als individuell begründete Aussagen, sondern als solche, die das Zersplitterte Wir hervorbringt; denn beide Personen sind im Fachbereich beschäftigt, keine von ihnen hat wegen ihrer Auffassung die Stelle verloren. Widersprüchliche Auffassungen über das eigene Selbstverständnis sind möglich.

Nachfolgend stelle ich drei konkrete Fälle, die sich nach einer ersten Erhebungs- und Auswertungsphase für die Fortführung des Projekts im Fachbereich herauskristallisiert haben, genauer dar, nämlich die Entwicklung von: (a) einem digitalen Online-Tool, mit dessen Hilfe der Fachbereich zumindest einige seiner Zuständigkeiten erläutern und weiterführende Informationen bereitstellen könnte; (b) einem ergänzenden oder alternativen Medium, das bei infektionshygienischen Überwachungen ärztlicher Praxen eingesetzt werden könnte; und (c) einem ergänzenden oder alternativen Medium, das mindestens bei den Prozessen rund um die Bestattungen von Amts wegen eingesetzt werden könnte. Unser Konzept für (a) ein digitales Tool war im Fachbereich selbst, aber auch im Bezirksamt Neukölln auf große Begeisterung gestoßen, wurde aber im Verlauf von

---

16 Kursivsetzungen in Zitaten aus empirischen Material bedeuten hier durchgängig meine Hervorhebungen.

einer übergeordneten Stelle abgelehnt. Ein Medium für (b) die Kommunikation mit Ärzten wurde im Verlauf vom Fachbereich selbst abgelehnt. Interesse bestand und besteht im Fachbereich aber an einem neuen Medium für die Kommunikation rund um die ordnungsbehördlichen Bestattungen. Da es sich hierbei um einen ganz besonderen Fall von Verwaltungshandeln handelt, das innerhalb eines unbunten Kontextes „einen belastenden Charakter entfalte[t]" (op. cit.), konzentrieren wir uns zurzeit vor allem darauf. Die Tatsache, dass nur einige Wochen *vor* unserer Entscheidung das Buch *Recht auf Trauer* von Francis Seeck erschienen ist, das ordnungsbehördliche Bestattungen thematisiert und bemerkenswert intensiv rezipiert wird (s. dazu die vielen unter Seeck 2017 angegebenen Rezensionen), unterstreicht die Treffsicherheit dieser Wahl.[17] Andere Aspekte und Prozesse behalten wir aber wie Negativfolien weiterhin mit im Blick.

a) Digitales Tool

Die Idee für ein digitales Online-Tool, mit dem ähnlich wie unter der Behördennummer 115 Zuständigkeiten erläutert, aber auch Weiterführendes zur Verfügung hätte gestellt werden können, hatte sich nach einem längeren Feldaufenthalt fast unmittelbar aufgedrängt. Denn die Vielfalt der Aufgaben des Fachbereichs Hygiene und Umweltmedizin sind von außen nur schwer zu durchdringen. Deshalb treten Bürgerinnen auch mit Anliegen an den Fachbereich heran, für die er gar nicht zuständig ist; die Beschäftigten sprechen in solchen Fällen auch von „Nerv-Themen", bei denen sie immer wieder dieselben, für beide Seiten unbefriedigenden (Nicht)Auskünfte erteilen müssen. Offenkundig kann weder die 115, noch der online unter service.berlin.de zur Verfügung stehende Virtuelle

---

17 Ferner wird das Thema auch im Rundfunk und in der Presse immer wieder behandelt (z. B. Buchmaier 2017, Bruns 2017, Gieseler 2017, Gilhaus 2013, Nowak 2017, Schediwy 2017). Wir begreifen die Kommunikation zu ordnungsbehördlichen Bestattungen deshalb auch als „Strategic Research Material" im Sinne Robert K. Mertons (1987), das auch zeigt, wie das Prinzip der Serendipität im Sinne einer „Entdeckung als nicht-intendierte[r] Praxis" (Breidenstein et al. 2015: 159) in ethnografischen Forschungsprozessen funktioniert.

Bürger-Service-Assistent (VBSA) diese Problematik lösen. Das hängt auch damit zusammen, dass es in diesem Fachbereich nur in zwei Fällen möglich ist, die Frage der (Nicht-)Zuständigkeit unverzüglich auf eindeutige Weise zu klären.[18] Alle anderen Themen und Kontexte erfordern spezifische Rückfragen durch die Beschäftigten – manchmal einfache, manchmal eine ganze Rückfragenkaskade –, in jedem Fall einen *Dialog* zwischen Bürger und Behörde.

Da einerseits gedruckte Medien keine Dialogstruktur, sondern nur Text und ggf. Bild abbilden können ('Bleiwüsten'), und andererseits weder der VBSA noch die 115 die fachbereichsspezifischen Dialoge befriedigend führen können, hatte DISK auf ein Tool gesetzt, mit dem sich ein Frage-Antwort-Dialog interaktiv in digitalen Umgebungen führen lässt, auch in Kombination mit zum Beispiel Fotos, Videos, Merkblättern, weiterführenden Kontaktdaten und Formularen. Kern des Konzepts war, dass die Beschäftigten Fragen und Antworten selbst eingeben und so Klickwege und Ergebnisausgabe selbst bestimmen; anders als beim VBSA hätte es sich nicht um ein Großprojekt, sondern um eine kleine, fachbereichsspezifische Anwendung gehandelt, die, ebenfalls anders als der VBSA, keine Volltexteingaben zulässt, sondern allein auf dem Wissen der Beschäftigten basiert. Das Tool hätte mit einem Minimum an Ressourcen umgesetzt werden können,[19] zur Umsetzung ist es aber nicht gekommen. Eine Umsetzung mit Hilfe des Content-Management-Systems (CMS) der Berliner Verwaltung wäre zwar, wie wir zügig herausgefunden haben, nicht möglich gewesen, aber wir hätten an der HWR Berlin eine eigene Anwendung programmieren und betreuen lassen können. Technisch wäre eine solche problemlos einbindbar gewesen, politisch war das aber nicht gewollt. Denn im Verlauf erhielten wir eine E-Mail von einer übergeordneten Stelle, in der das Programmieren einer „Insellösung" in Gestalt von „Minian-

---

18 Gemeint sind Belehrungen für Lebensmittelpersonal nach dem Infektionsschutzgesetz, für die ein anderer Bezirk zuständig ist, sowie Beschwerden über gastronomische Betriebe, für die ein anderes Amt zuständig ist.

19 Technisch zur Verfügung stehen müssen hätten lediglich ein Backend, das als Content-Management-System für die Beschäftigten fungiert, und ein Frontend, das der Öffentlichkeit erscheint.

wendungen neben dem Virtuellen Assistenten" (Zitate E-Mail) unter Verweis auf das Berliner E-Government-Gesetz ausgeschlossen wurde. Argumentiert wurde somit formell vom (ii) Standpunkt des Rechts aus (vgl. Abschnitt (3)), allerdings nicht mit Blick auf Transparenz (wie bei Blaha), sondern mit Blick auf die technische Infrastruktur der Berliner Verwaltung (VBSA, CMS), genauer: mit Blick auf deren Zentralisierung. Dahinter scheint sich somit eher (iii) der Standpunkt der Effizienz zu verbergen.[20]

Die Beschäftigten im Fachbereich haben die Entscheidung der übergeordneten Stelle sehr bedauert, aber auch verstanden und ohne Widerspruch akzeptiert: So funktioniere eben Verwaltung. Mit (iii) Effizienz hatten zwar auch sie argumentiert, allerdings mit anders verstandener Effizienz, nämlich eher damit, dass sie das Wiederholen von immer gleichen Antworten am Telefon zumindest teilweise hätten auslagern können.[21] Zentral war also das im Sinne von Zeitersparnis verstandene (iii) Effizienzargument. Da dabei aber nicht das Schonen von Ressourcen im Sinne der Bürgerinnen thematisiert wurde, lässt sich diese Argumentation nur schwer als Ausdruck einer Orientierung an den Effizienznormen des NSM deuten. Ähnlich wurde in diesem Kontext zwar auch hin und wieder ein Beratungsaspekt angesprochen, nicht aber explizit ein (iv) Kundenorientierungs- oder Servicegedanke. Da insgesamt das Beraten deutlich weniger relevant gemacht wurde als der spezifische Effizienzgedanke, artikuliert sich hier auch nicht so etwas wie „Nähe" im Anschluss an Rosanvallon

---

20 Darüber hinaus lässt sich mit etwas Mühe auch (iv) ein Dienstleistungsgedanke aus dieser E-Mail herausschälen, insofern einerseits das Gesetz auch explizit „Bürger-" und „Benutzerfreundlichkeit" vorsieht (§ 2) und andererseits die Mail die zentrale Steuerung der IT mit Google in Verbindung bringt; akzeptiert man diese Argumentation, lässt man „Treffer bei Google und im Virtuellen Assistenten" (Zitat E-Mail) als ausschlaggebendes Kriterium für Bürgerfreundlichkeit gelten. Möglicherweise liegt hier auch ein rechtsinterner Konflikt vor (Bürgerfreundlichkeit und zentrale Steuerung qua VBSA im Gesetzestext).

21 Der VBSA ermöglicht dies zurzeit nicht, und m. E kann er das auch künftig nicht schaffen, gerade weil es sich dabei um ein Großprojekt handelt, das keine spezifischen Dialogstrukturen abbilden kann.

(vgl. Fn. 3); wäre das so gewesen, hätten sich die Beschäftigten energischer für das Tool eingesetzt, und zwar unter Rekurs auf das Beratungsargument.

b) Infektionshygienische Begehungen von ärztlichen Praxen

Der Fachbereich begeht unter anderem ärztliche Praxen, teilweise anlassbezogen, teilweise routinemäßig, um Hygienestandards zu kontrollieren, zu überwachen und ggf. auch herzustellen. Die Ankündigung einer solchen Begehung erfolgt auch auf dem Wege des klassischen Schreibens vom Amt (optisch ähnlich wie Abb. 5). Unter anderem, weil auch dabei die Kommunikation nicht notwendig reibungsfrei abläuft, hatten wir vorgeschlagen, für diese Kontexte ergänzende oder alternative Medien zu entwickeln. Der Fachbereich hat sich aber im Verlauf dagegen entschieden. Offenbar besteht hier im Unterschied zu den beiden anderen Fällen (Tool, Bestattungen) kein Interesse an einer Veränderung. Das ist nicht zuletzt deshalb bemerkenswert, weil in diesem Kontext der Beratungsaspekt und damit in den Worten der Bühnenmetapher: die Beziehung zum vorne sitzenden Publikum deutlich in den Vordergrund gerückt wurde. Im Falle des Tools (a) wurde die Beratungsfunktion dagegen eher sporadisch thematisiert, und im Falle der Bestattungen (c) scheint so etwas wie Beratung kaum oder nur bedingt eine Rolle zu spielen.

Beim Betonen der Beratungsfunktion im Zusammenhang mit den Praxisbegehungen fällt auf, dass die dabei relevante Kontroll- oder Überwachungsfunktion mit ihrem „tendenziell belastende[m] Charakter" (op. cit.) *zugleich* verbunden *und* kontrastiert wird. So hieß es in diesem Zusammenhang zum Beispiel kontrastierend: „Wir sind nicht […] [eine, HG] Ordnungsbehörde, sondern […] wir haben eher 'ne Beratungsfunktion". Beides hänge aber auch miteinander zusammen: „*Man kann das nicht trennen.* Also wir kontrollieren, und wir überwachen, aber wir sind beratend." Faktisch eingesetzt wurden hierbei eine Zeit lang sowohl das be-Berlin-Logo (für den tendenziell nicht-belastenden Fall) als auch das bunte Neukölln-Logo (vgl. Abb. 3 und Abb. 4), womit die Beratungsfunktion prinzipiell betont wird. Inzwischen darf das bunte Abteilungslogo auf den Kopfbögen nicht mehr verwendet werden, die Beschäftigten wissen allerdings gar nicht, warum. Daran wird die Unklarheit über die Normen für den Auftritt besonders deutlich: Beraten und Kontrollieren – tendenziell:

nicht-belasten und belasten – schlössen sich, anders als es die Richtlinie für die Logoverwendung es vorsieht, *nicht* gegenseitig aus. Man fungiere eben als „netter Kontrolleur", auch wenn man im Extremfall „Existenzen [zerstöre]", etwa durch das Erteilen von Auflagen, die die Betroffenen finanziell nicht stemmen können (z. B. Anschaffung von Geräten). An anderer Stelle wurde in diesem Zusammenhang auch explizit von einer „Grätsche" gesprochen, von einer „Schere, was zu bewirken und was für den Patient[en] zu machen".

Die Beschäftigten beschreiben also so etwas wie eine Spagat-Funktion („netter Kontrolleur"), und zwar eine, bei der der Adressat eines Schreibens (Kontroll-Ankündigung) nicht unbedingt identisch ist mit dem Empfänger der Dienstleistung. Allerdings meint diese Differenzierung nicht dasselbe wie Scherzbergs These von der Zweifachadressierung (vgl. Abschnitt (3)). Denn „de[r] Patient" weiß nicht, ob eine Praxis kontrolliert wurde, und der Fachbereich möchte auch, dass das so bleibt: „[Wir] müssen [...] etwas im Verborgenen bleiben". „Wir vergeben kein Gütesiegel!", das wäre eher „befremdlich", da man „*alle* Praxen auf einem Standard haben" und „nicht einige auszeichnen" möchte. Versteht man die Empfänger des Schreibens als vom Verwaltungshandeln betroffen (und nicht die Patienten), dann lässt sich dieses Verwaltungshandeln m.E. als tendenziell belastendes (Kontrolle, ggf. Auflagen) klassifizieren, das mit einer Beratungsfunktion verbunden wird, nicht aber umgekehrt (,kontrollierende Nette'). Der Kontext ist nicht ganz so ,grau' wie derjenige (c) im Falle der Bestattungen, bei denen klarer und ohne konsequente Betonung von Beratung agiert wird. Bevor ich darauf genauer eingehe, ziehe ich als weitere Negativfolie einen anderen Fall heran, der im Interview innerhalb des Amtes einmal zu Vergleichszwecken genutzt wurde:

> „[D]as Amt ist *immer Kontrolle*. Also, die Leute, die Kinder haben, wo die Geburten sind und sie kriegen ein Schreiben vom KJGD [Kinder- und Jugendgesundheitsdienst, HG], was total *nett* ist, aber es ist das Amt. Das Bezirksamt möchte das Kind besuchen, aber: Das Amt kommt. Das ist immer erstmal so uwäh. Ich weiß nicht, woher das kommt, das ist immer erstmal so ein Makel."

Während im Falle (b) der Praxisbegehungen das Beraten und das Kontrollieren als zwei Seiten einer Medaille dargestellt wurden („nette Kontrolleure"), werden hier „Kontrolle" und „nett" als miteinander unvereinbar dargestellt, weil „das Amt" notwendig mit der einen, nicht aber mit der anderen Seite verbunden sei („*immer* Kontrolle"). Die Sequenz rekurriert auf die Ankündigung des sogenannten Ersthausbesuchs, den der Fachbereich Kinder- und Jugendgesundheitsdienst anbietet, wenn ein Kind geboren wird. Dieser wurde bis vor einigen Jahren mit demselben Medium angekündigt, das auch bei den Bestattungen eingesetzt wird (Schreiben vom Amt, vgl. Abb. 5). Inzwischen wird stattdessen jedoch ein Format eingesetzt, das sich deutlich vom üblichen Amtsschreiben und auch vom Amtsdeutsch absetzt: Es handelt sich um eine auf Karton gedruckte, professionell im bunten Neukölln-Design DIN-Lang-Karte (Abb. 4). Darin eingesteckt werden kann die Visitenkarte derjenigen Person, die den Hausbesuch auch durchzuführen beabsichtigt. Der Text ist ansprechend formuliert, und es findet sich, anders als bei (c) den Bestattungen und bei (b) den Praxisbegehungen nicht ein einziger Verweis auf eine Rechtsgrundlage, obwohl es eine solche natürlich gibt. Dieses Medium erweckt zumindest den Anschein des Begünstigens, jedenfalls nicht den des Belastens. Denn der Beratungsaspekt wird in den Vordergrund gestellt, es werden sogar explizit ein „Service" und ein Begrüßungspaket angeboten. Ob das von den Betroffenen auch genau so oder doch eher als – tendenziell belastende, wenngleich „nett" erscheinende – Kontrollankündigung erlebt wird, und welche Rolle das neue Medium dabei spielt, ob die Karte also vielleicht wie die Geste in Abbildung 2 verstanden wird („netter Kontrolleur"?) können wir im Rahmen von DISK nicht untersuchen. Die Interpretation, dass das neue Medium Machtverhältnisse verschleiern, also „hinter dem Kunden weiterhin den Untertan [verstecken]" (Baer 2006: 193 f.) könnte, nicht aber Machtverhältnisse im Sinne von Augenhöhe *tatsächlich* nivelliert, ist jedenfalls nicht ganz unplausibel. Mit dem Schreiben zu den Bestattungen werden hingegen zweifelsfrei Machtverhältnisse inszeniert (Abb. 5). Das ist m. E. im Prinzip praxisnah und somit nicht per se verwerflich. Trotzdem spielt auch beim Artikulieren von Machtverhältnissen das ‚Wie' eine Rolle, und zwar nicht bloß als Dekoration, sondern als Geste immer auch für das Erscheinen der Sache selbst.

c) Ordnungsbehördliche Bestattungen

Im Falle einer ungeklärten Bestattung ist der Fachbereich Hygiene und Umweltmedizin dafür zuständig, innerhalb einer kurzen Frist Personen ausfindig zu machen, die für die Bestattung und ggf. für deren Finanzierung sorgen. Gelingt das nicht, wird eine ordnungsbehördliche Bestattung veranlasst. Dann hat das Amt für die Refinanzierung durch Verpflichtete zu sorgen. Da die Bestattungspflicht nicht mit der Kostentragungspflicht identisch ist, sind die Rechtsgrundlagen (z. B. Barthel 2010, Vahle 2009) selbst für uns nur schwer zu durchdringen. Das Schreiben, mit dem der Erstkontakt hergestellt wird, beginnt mit einer Beileidsbekundung und endet mit einer Drohung, nämlich mit einem Verweis auf eine Ordnungswidrigkeit. Dazwischen rekurriert es korrekt (gerichtsfest) aber nicht ausführlich (transparent) auf Rechtsgrundlagen: Wenn sich die Empfängerin zum Beispiel fragt, warum ausgerechnet sie diesen Brief erhält, so antwortet der Brief lediglich mit § 16 des Berliner Bestattungsgesetzes, der nämlich eine Reihenfolge bestattungspflichtiger Personen angibt, aber auch das steht nicht in dem Brief. Grundsätzlich müsse das Schreiben „wasserdicht" formuliert sein, es müsse vor Gericht Bestand haben, da Anwälte „Worte im Munde herumdrehen" könnten. Eine Beratungsfunktion wird darin ebenso wenig exponiert wie innerhalb der Interviews und Gespräche zum Thema. Trotzdem ist ein Unbehagen spürbar, das in anderen Kontexten nicht deutlich wurde:

> „[W]ir drücken Ihnen unser aufrichtiges Mitgefühl aus. [...] Und dann kommt wieder der Passus: Im Übrigen ist es ein Ordnungswidrigkeitenverfahren als Angehöriger sich nicht darum zu kümmern. *<Atmet intensiv>* Ja. *<Seufzt tief> [...] Ich kann die wirklich verstehen"*,

hieß es in einem Gespräch, oder: „*Ich empfinde das genau so, wie sie* [die Betroffenen, HG] *selbst.* [...] *Ich hätte es gerne anders. Aber ich habe keine Lösung"*. Die Lösung, die vorliegt, ist lediglich die, die Kommunikation kontextunabhängig als Fall von belastendem Verwaltungshandeln zu klassifizieren, und das nicht nach Maßgabe des froh gestimmten Neuköllner Designs, sondern auf dem Wege des klassischen Schreibens vom Amt mit einem bestimmten Logo im Briefkopf (vgl. Abb. 5). Das bunte Abteilungslogo „passt nicht zur Bestattung", hieß es im Interview, aber allein die Verwendung des statischen Berlin-Logos (vgl. Abb. 5 oben rechts) bedeutet eben noch nicht eine kontextangemessene Geste. Als problematisch erleben die Beschäftigten die Kommunikation im Falle der ordnungsbehördlichen Bestattungen vor allem, weil sie hier im Kontext von Tod und Trauer agieren, weniger aber, weil der Beratungsaspekt dabei zugunsten des Belastungsaspekts mindestens in den Hintergrund tritt. In diesem Zusammenhang wurde bislang nicht bedauert, dass man dabei nur bedingt beratend tätig werden könne, etwa dann, wenn es zwar zu einer ordnungsbehördlichen Bestattung kommt, diese aber noch in Absprache mit den Betroffenen teilweise modifiziert werden kann (z. B. Wahl des Friedhofs). Ein sondierender Vorschlag, dem Schreiben vielleicht eine Broschüre wie etwa „Was tun im Trauerfall?" zur Seite zu stellen, wurde mehrfach abgelehnt, „eher nicht", „Beratung im Trauerfall ist nicht –" Aufgabe des Amtes.[22] An anderen Vorschlägen arbeiten wir zurzeit. Dabei achten wir insbesondere auf Möglichkeiten und Grenzen von Rechtsexplikation, aber auch auf das klare Darstellen von Zuständigkeiten und Prozessen sowie von Beziehungen zwischen Personen und Institutionen, kurz: Wir achten auf kontextangemessene Transparenz. Dem Fachbereich gehe es darum, „klar und sachlich" aufzutreten und die Betroffenen dazu zu bewegen, sich zügig mit dem Amt in Verbindung zu setzen: „Ich muss ein bisschen Druck aufbauen", und auch dazu ist das farbenfrohe Neuköllner Design nicht geeignet: Mit dessen gestalterischen Mitteln lässt sich in diesem Kontext in keiner Hinsicht angemessen kommunizieren.

Das Schreiben für den Erstkontakt sei noch „ganz soft" formuliert. Dennoch werden die Betroffenen in der Regel als „aufgebracht" beschrieben. Im Verlauf jedoch, etwa in einem anschließenden Telefonat, könne man

---

22 Eine Trauerkarte halten wir für unangemessen, aber wir sind auf der Suche nach Gesten, die die bestehenden Machtverhältnisse nicht unterwandern und dennoch kontextangemessen sind. Unter berlin.de, „Das offizielle Hauptstadtportal", findet sich zum Beispiel eine Seite mit der Überschrift „Trauer bewältigen: Wo Hinterbliebene Hilfe finden" (https://www.berlin.de/special/todesfall-und-bestattungen/3315885-3309543-trauer-bewaeltigen-wo-hinterbliebene-hil.html, letzter Zugriff: Juni 2018), ein Verweis darauf ist innerhalb des Fachbereichs jedoch nicht erwünscht.

„die schnell wieder runterholen, wenn man die Sachlage erklärt", wenn man also anders gewendet aufklärend, also zumindest explizierend, vielleicht sogar beratend tätig wird (Transparenz). Hier stellt sich die Frage, warum man eine solche Geste nicht bereits mit der *ersten* Kontaktaufnahme vollzieht; unsere Vorschläge für ein ergänzendes Medium werden in diese Richtung tendieren. Ein Betroffener bezeichnete diese Form der Kommunikation im Gespräch als „Trauma-Abblocken", also als eine Strategie, den emotionalen Konflikt durch Rationalisierung zu entschärfen und bloß einen – belastenden – Verwaltungsakt darin zu sehen. Er würde mehr Empathie seitens des Amtes begrüßen, etwa eine einleitende Formulierung wie „Das ist bestimmt ein großer Schock für Sie".[23] Das Amt habe ein „Schreiben nur zu den Kosten" versendet, es sei immer nur um „Kosten, Kosten, Kosten" gegangen: Das Amt „hat die ganze Zeit nur über Kühlkosten geredet", das sei „pietätlos" gewesen. Ähnlich, aber wohl mit einer anderen Intention, wurde auch seitens des Fachbereichs betont, dass man mit einem ergänzenden oder anderen Medium für diejenigen, die „nur Kosten sparen" wollen, nicht „Tür und Tor" öffnen wolle, schließlich könne sich, wer „hinterlistig [...] oder pfiffig ist", möglicherweise aus der Angelegenheit herauswinden. Von einer Geste, die ausschließlich „klar und sachlich" erscheinen möchte, ist eine solche Haltung jedoch ebenso weit entfernt wie von einer bloßen Abwehrstrategie („Trauma-Abblocken"). Vielmehr artikuliert sich darin so etwas wie Hingabe an die Rechtsgrundlage, die auch über bloßes Absichern („wasserdicht") hinausgeht („Druck aufbauen"). Insgesamt ist in diesem Fall nur bedingt eine Beratungsfunktion im Sinne von Rosanvallons Nähe und somit sicher auch keine Dienstleistungsmentalität im Sinne des NSM erkennbar. Ferner lässt er sich auch nicht in Weberschen Termini beschreiben („klar und sachlich"): Zorn und Eifer scheinen hier eine Rolle zu spielen („hinterlistig [...] oder pfiffig"; vgl. Fisch 2011, Fn. 6, und Abschnitt (3)).

Das Minimalprogramm zur Umgestaltung des Schreibens zu den Bestattungen in Richtung Akzeptanzorientierung würde darin bestehen, den Text umzuformulieren. Die Perspektive von DISK geht aber über die Amts*sprache* hinaus: Lässt sich ein ergänzendes oder ein alternatives Medium entwickeln, das diesem Anlass angemessen ist und nicht die in

---

23 Diese Formulierung halte ich für zu empathisch, wir arbeiten an Alternativen.

Abbildung 2 dargestellte Geste vollzieht, und in welcher Form wäre ein solches im Amt überhaupt erwünscht? Scherzberg (2015) meint, dass eine behördliche Begründung sich nicht in gerichtsfesten Formulierungen erschöpfen müsse. Denn deren „,amtlicher' Charakter schließt keinesfalls aus, zugunsten des Bürgers als Adressaten erläuternde Zusätze zu machen, den Kontext ausführlicher darzustellen, [...] oder ein ergänzendes Schreiben beizulegen" (48) – vielleicht aber der Habitus der Verwaltung, und vielleicht lässt sich das gerade mit Scherzbergs These von der Zweifachadressierung auf Begriffe bringen.

5 Behördenkommunikation als Inszenierung und die Frage nach dem Selbst

Das interdisziplinäre Projekt DISK fasst Behördenkommunikation in einem weiten Sinn auf und legt dabei ein besonderes Augenmerk auf Gestaltung (2). Methodologisch verbinden wir eine Habitusstudie mit einem ethnomethodologischen Ansatz, wir rekonstruieren aber nicht Individualhabitus von Personen und auch nicht starre Gegensätze zwischen Dominanten und Dominierten. Anstatt Bürokratiemodelle vorauszusetzen und Abweichungen oder Kongruenzen damit festzustellen, orientieren wir uns wegen unseres Fokus auf Kommunikation auch an den normativen und deskriptiven Angeboten, die die Forschung zur Sprache der Verwaltung bereitstellt (3). Insgesamt fragt DISK nach dem Selbstverständnis des Gesundheitsamts von Berlin Neukölln (Habitus), so wie es sich in dessen Auftreten artikuliert (‚Doing Amt'). Eine abschließende Interpretation unserer empirischen Befunde (4) steht noch aus, vorläufig lassen sich aber einige Fragen und Aspekte zusammenfassend entfalten.

Innerhalb der Forschung zur Sprache der Verwaltung spielt die Unterscheidung zwischen hoheitlichem und nicht-hoheitlichem und/oder diejenige zwischen eher belastendem und eher nicht-belastendem Verwaltungshandeln keine explizite Rolle, wohl aber bei der Bestimmung der Grenzen des Kundenbegriffs einerseits (vgl. (2)) und innerhalb der von uns untersuchten Verwaltungspraxis andererseits (vgl. (4)); darin artikuliert sich diese Differenz grafisch (zwei Logos für die Kopfbögen). Diese verwaltungs*praktische* Perspektive ist deshalb noch in das von der Forschung bereitgestellte Orientierungsangebot (vgl. (3)) – Profession,

Recht/Transparenz, Effizienz, Servicementalität, Demokratieverständnis; These der Zweifachadressierung, These des Nutzens von Nicht-Verständlichkeit – zu integrieren. Das kann ich hier nicht leisten.[24] Klar aber ist, dass diese Differenz überhaupt eine praktische Orientierungsfunktion abgibt, die von der Forschung jedoch *nicht* als Argument für oder gegen bestimmte Veränderungen an der Verwaltungssprache geltend gemacht wird. Scherzberg meint sogar, dass auch in belastenden Kontexten „Kommunikationsbeziehung[en] [...] vom Interesse und Bedürfnis des Betroffenen bestimmt sind" (2015: 40);[25] unklar ist mir dabei allerdings, ob diese Behauptung empirisch fundiert und deskriptiv verfasst ist („bestimmt *sind*"), oder ob sie einen normativen Anspruch enthält.

Explizit ist uns die Unterscheidung belastend/nicht-belastend innerhalb einer Richtlinie des Bezirksamts zur Verwendung von Logos begegnet (vgl. (4)), genauer gesagt die Unterscheidung zwischen Belasten und dem „[s]tandardmäßig[en]" Fall (op. cit.). Im Gesundheitsamt wird hingegen die Unterscheidung kontrollieren/beraten häufiger und nachdrücklicher relevant gemacht. Vorläufig möchte ich diese Unterscheidung als eine begreifen, die die allgemeinere Differenz belastend/nicht-belastend auf spezifische Weise reartikuliert (vgl. insb. (4c)). Auf Basis der bisherigen Untersuchungen können wir zum jetzigen Zeitpunkt mit Sicherheit sagen, dass das – auch im Verwaltungsverfahrensgesetz fixierte – Beraten faktisch nicht notwendig identisch ist mit einer Dienstleistungsmentalität (NSM), das machen *alle* in Abschnitt (4) dargestellten Fälle deutlich:

---

24 Grundsätzlich ist dabei zu überlegen, ob man diese praktische Differenzierung als eigenständige Richtschnur auffassen und zum Beispiel dem eigenen Demokratieverständnis oder der Transparenzforderung vor- oder nachordnen möchte, oder ob man sie als eine Unterscheidung versteht, die quer liegt zu den anderen Standpunkten und somit ständig relevant ist. Letzteres scheint faktisch der Fall zu sein. Wie exakt das in den in (4) dargestellten Fällen gehandhabt wird, habe ich noch nicht abschließend aus dem Material herausgearbeitet.

25 An dieser Stelle spricht Scherzberg zwar explizit von Fällen, „wo der Staat einseitig hoheitlich handelt"; da hoheitliches Handeln aber immer einseitig ist und ferner auch begünstigen kann, verstehe ich diese Stelle trotzdem als der Sache nach auf tendenziell belastendes Verwaltungshandeln bezogen.

Verwaltung kann beratend oder zumindest aufklärend tätig sein, ohne dass diese Tätigkeit zwingend mit einem Servicegedanken einhergehen müsste. Darüber hinaus können wir auch darauf schließen, dass das Beraten nicht den Kern des Selbstverständnisses des Fachbereichs Hygiene und Umweltmedizin ausmacht. Vielmehr wird in Abschnitt (4) eine gewisse Elastizität der Beratungsfunktion deutlich: Im Falle (a) des Tools ist das Beraten zwar der Sache nach relevant, es wird aber kaum thematisiert und nicht energisch verfolgt, zentral ist dabei ein spezifisch verstandener Effizienzgedanke. Bei (b) den Praxisbegehungen wird das Beraten zwar deutlich in den Vordergrund gerückt, aber *als* Berater „zerstöre [ich] Existenzen" nicht, auch nicht als „netter" Berater; der Sache nach ist in diesem Fall nicht das Beraten, sondern das Kontrollieren zentral. Im Falle (c) der ordnungsbehördlichen Bestattungen spielt das Beraten bislang keine zentrale Rolle. Dass das Beraten also mal in den Vordergrund und mal in den Hintergrund gerückt wird, könnte ein Hinweis darauf sein, dass nicht das Beraten selbst, wohl aber das prozess- und somit nicht beschäftigtenspezifische Gewichten des Beratens zum Kern des fachbereichlichen Selbstverständnisses gehört.

Das für den Fall der (b) Praxisbegehungen explizit als „Grätsche" und „Schere" bezeichnete Phänomen lässt sich auf die Differenzierung zwischen Kontrollieren und Beraten beziehen. Unsere empirischen Befunde lassen die Interpretation zu, dass die mit diesem Spagat verbundenen widersprüchlichen Anforderungen faktisch nicht dadurch gelöst werden, dass die einen beratend und die anderen kontrollierend auftreten. Die „Grätsche" scheint die in unserem Fall ohnehin zersplitterte Gemeinschaft nicht noch weiter zu splitten, vielmehr scheint sie auf irgendeine Weise zum kollektiven Selbstverständnis zu gehören – mindestens zu dem des Fachbereichs Hygiene und Umweltmedizin, möglicherweise auch zum ‚Gesamt-Amts-Wir'. Wenn man aber sein Selbstverständnis nicht einfach ablegen kann wie einen Mantel – das ist unsere habitustheoretische Prämisse –, wenn man also nicht bloß Rollen *spielt*, wie etwa Bosetzky und Heinrich (1986, 1987) annehmen, sondern tatsächlich Amtsmensch *ist*,[26]

---

26 „Der Kellner spielt nicht [...] den Kellner. Indem er seine Berufskleidung anlegt, diese demokratisierte, quasi bürokratische Ausdrucksform der hingebungsvollen Würde eines Dieners aus großem Hause [...] macht er sich

dann kann man nicht in dem einen Fall so auftreten (‚Doing Amt') und in dem anderen Fall ganz anders (‚Doing something different'), jedenfalls nicht auf Dauer (Habitus). An dieser Scharnierstelle unserer Studie scheint die von Sondermann et al. 2014 mit der Sache nach als ‚So-tun-als-ob' klassifizierte Problematik deutlich auf (vgl. (2)). Wenn es sich bei der „Grätsche" tatsächlich um ein kollektives Problem handelt, das auch kollektiv gelöst wird, dann zeichnen sich zurzeit zwei kollektive Lösungsstrategien ab: einerseits ein Beratungsverständnis, das ohne einen Servicegedanken funktioniert („[wie] private Dienstleister/innen", Sondermann et al. 2014: 196) – damit ließe sich tendenziell der ‚als-ob-Status' auflösen, der Spagat bliebe aber erhalten –, und andererseits das Vereindeutigen der „Grätsche" hin zur Seite des Kontrollierens – damit ließe sich tendenziell der Spagat selbst auflösen. Ersteres ist unzweifelhaft der Fall, auf letzteres könnte die elastisch erscheinende Beratungsfunktion hindeuten.

Die Frage, ob das Erscheinen der „Grätsche" selbst, aber auch die eben skizzierten Lösungsstrategien bloß auf etwas Fachbereichs- oder auf etwas Gesundheitsamtsspezifisches verweisen, oder ob hier ein Hinweis auf den Habitus der Verwaltung gegeben ist, kann hier noch nicht entschieden werden. Möglicherweise lässt sich der Spagat ganz oder teilweise mit dem Zersplitterten Wir erklären, möglicherweise weist er aber auch darüber hinaus. Grundsätzlich hängt die Frage, inwiefern und inwieweit unsere Ergebnisse auch Aussagen über andere Verwaltungszweige zulassen, davon ab, inwiefern und inwieweit sich das Auftreten in unseren konkreten Fällen auch als Äußerung des Habitus der öffentlichen Verwaltung beschreiben lässt.[27] Scherzbergs These von der Zweifachadressierung (vgl. (3)) könnte einen Hinweis auf die grundsätzliche Bedeutung der „Schere" enthalten, die widersprüchliche Körperhaltung eines Verwaltungsmitarbeiters in *Dr. Caligari* ebenfalls (vgl. (2)). Dafür, dass nicht nur der Spa-

---

nicht zu einer Sache (oder einem ‚An-Sich')", Bourdieu 2001: 197, nur die Herv. in Klammern i. O.

27 Die Unterscheidung zwischen Habitus (Bourdieu) und ‚Doing Amt' (Goffman, Ethnomethodologie) verstehen wir also nicht substantialistisch, sondern perspektivenrelativ in Abhängigkeit von Fragestellungen. Vgl. dazu meine Unterscheidung von Habitus und Habitusäußerung in Guthoff 2013, insb. Kap. 1.3.

gat selbst, sondern auch die Praktik des Vereindeutigens zur Seite des Kontrollierens (Belastens?) prinzipiell für Verwaltung relevant sein könnte, spricht Fischs Verweis auf den möglicherweise intendierten Effekt schwer verständlicher Bescheide, Widersprüche zu verhindern (Fisch 2011: Fn. 6, vgl. (3)), der wiederum mit unserem Befund zur Relevanz von Zorn und Eifer im Falle der Bestattungen korrespondiert („muss […] Druck aufbauen").

DISK konzentriert sich wie am Schluss von Abschnitt (4) angedeutet zurzeit auf die Kommunikation zu den ordnungsbehördlichen Bestattungen. Dabei werden wir auch berücksichtigen, dass den Bediensteten kaum oder gar keine Möglichkeiten zur Verfügung stehen, wenn sie dabei kontextangemessen und/oder vorrangig beratend auftreten möchten. Diese Tatsache könnte ebenfalls auf einen Sachverhalt verweisen, der über unsere konkrete Studie hinausweist. Das machen insbesondere (a) das verhinderte digitale Tool sowie (c) der Fall der Bestattungen klar. Denn selbst wenn die Beschäftigten im Falle des Tools nicht das Effizienz-, sondern das Beratungsargument stark gemacht hätten, so wären ihre Bemühungen vermutlich doch an den durch das Berliner E-Government-Gesetz vorgegebenen Zentralisierungsbestrebungen gescheitert, in jedem Fall hätten sie ein ‚dickes Brett bohren' müssen. Und selbst wenn die Beschäftigten aus sich heraus daran interessiert wären, im Kontext der Bestattungen mehr wie auch immer geartete Beratung anzubieten, so steht ihnen (noch) kein gestalterisches Repertoire zur Verfügung, diese Beratungsfunktion kontextangemessen zu kommunizieren. Denn das bunte Neuköllner Design ist für diesen unbunten Kontext schlechterdings nicht geeignet. Ob das Amt daran interessiert ist, „zugunsten des Bürgers als Adressaten erläuternde Zusätze zu machen, den Kontext ausführlicher darzustellen, […] oder ein ergänzendes Schreiben beizulegen" (Scherzberg 2015: 48), wird sich zeigen. Zurzeit erarbeiten wir jedenfalls Vorschläge für ein Medium, das bei den Bestattungen, perspektivisch vielleicht auch in anderen eher grauen und/oder belastenden Kontexten, etwa beim Ermitteln im Falle meldepflichtiger Erkrankungen, eingesetzt werden könnte. Die Weisen, auf die der Fachbereich darauf reagiert, werden weitere Rückschlüsse auf dessen Selbstverständnis zulassen: Wie verhält sich das Amt auf der von zwei Publika umgebenen Bühne, wird das Beraten im Verlauf wichtiger werden, oder dominiert doch die eifrige und vielleicht auch manchmal zornige Hingabe an eine Rechtsgrundlage, mit der sich ein „belastende[r] Charakter entfalten" (op. cit.) lässt?

Literatur

Allefeld, Hans, „Verständlich? Selbstverständlich! Wie kommunen verständlich kommunizieren können", Grußwort zur Tagung, in: *Amtsdeutsch a. D.? Europäische Wege zu einer modernen Amtssprache,* hg. v. Hans-R. Fluck und Michaela Blaha, Stauffenberg Verlag, Tübingen: 2010, S. 23-27.

Baer, Susanne, *„Der Bürger" im Verwaltungsrecht. Subjektkonstruktion durch Leitbilder vom Staat,* Mohr Siebeck, Tübingen: 2006.

Bartelheimer, Peter, „Gut beraten? Gut vermittelt Arbeitsagenturen und Grundsicherungsträger als Dienstleister", in: *Berliner Debatte Initial,* 20, 1, 2009: 102-110.

Barthel, Torsten F., „Zivilrechtliche Kostenerstattungsansprüche der Ordnungsbehörde nach Durchführung der Bestattung", in: *Deutsche Verwaltungspraxis,* Jg. 61, Heft 12, 2010, S. 499 f.

Berger, Peter, *Flotte Schreiben vom Amt. Eine Stilfibel,* Carl Heymanns Verlag KG, Köln u.a.: 2004.

Bezirksamt Neukölln von Berlin, Gesundheitsamt, *Wegweiser durch das Gesundheitsamt Neukölln,* Berlin: 2018, überarbeitete Version der Broschüre von 2015, auch online unter: https://www.berlin.de/ba-neukoelln/politik-und-verwaltung/aemter/gesundheitsamt/wegweiser-2018.pdf, letzter Zugriff: Juni 2018.

Blaha, Michaela, „Nur für Eingeweihte? Das Amt und seine Sprache", in: *Aus Politik und Zeitgeschichte,* Jg. 67, Heft 14-15, 2017, April 2017, S. 29-35.

Blaha, Michaela, „Typische Texte aus der Verwaltung – und wie man es besser macht", in: in: *Verständliche Sprache in Recht und Verwaltung – Herausforderungen und Chancen,* hg. v. ders. und Hermann Wilhelm, Verlag für Verwaltungswissenschaft, Frankfurt a. M.: 2011, S. 89-111.

Blaha, Michaela, „Amtsdeutsch a. D.? – Auf dem Weg zu einer verständlichen Verwaltungssprache", in: *Amtsdeutsch a. D.? Europäische Wege zu einer modernen Amtssprache,* hg. v. Hans-R. Fluck und ders., Stauffenberg Verlag, Tübingen: 2010, S. 59-64.

Bogumil, Jörg, Grohs, Stephan, Kuhlmann, Sabine, Ohm, Anna K., *10 Jahre Neues Steuerungsmodell – eine Bilanz kommunaler Verwaltungsmodernisierung,* Edition Sigma, Berlin: 2007.

Bogumil, Jörg, Holtkamp, Lars, Kißler, Leo, *Verwaltung auf Augenhöhe. Strategie und Praxis kundenorientierter Dienstleistungspolitik,* Edition Sigma, Berlin: 2001.

Bogumil, Jörg, Kißler, Leo, *Vom Untertan zum Kunden. Möglichkeiten und Grenzen von Kundenorientierung in der Kommunalverwaltung,* Edition Sigma, 2. unveränderte Auflage, Berlin: 1998.

Bosetzky, Horst, Heinrich, Peter, „Bürokultur – Eindrücke aus dem Lebensraum ‚Verwaltung'", in: *Verwaltungsrundschau,* Jg. 32, Heft 2, 1986, S. 37-41.

Bosetzky, Horst, Heinrich, Peter, „Organisations- und Bürokultur – Chancen und Elend eines neuen Ansatzes", in: *Verwaltungsforschung in Perspektive,* hg. v. Rainer Koch, Nomos Verlagsgesellschaft, Baden Baden: 1987, S. 202-215.

Bourdieu, Pierre, *Meditationen. Zur Kritik der scholastischen Vernunft,* Suhrkamp, Frankfurt a.M.: 2001.

Breidenstein, Georg, Hirschauer, Stefan, Kalthoff, Herbert, Nieswand, Boris, *Ethnografie. Die Praxis der Feldforschung,* 2. aktualisierte Auflage, UVK, Konstanz/München: 2015.

Bruns, Hildburg, „Bestattung ohne Angehörige. Traurige Zahlen: Immer mehr Berliner sterben ganz einsam", in: *BZ* vom 19. 11. 2017, auch online unter: https://www.bz-berlin.de/berlin/mitte/traurige-zahlen-immer-mehr-berliner-sterben-ganz-einsam, letzter Zugriff: Juni 2018.

Buchmaier, Barbara, „Arm sterben in Berlin...", Vorfassung für einen Beitrag zum Künstlerbuch „RUHE. STÄTTE" von Sigrid Weise (erscheint voraussichtlich 2018), in: *vonhundert,* Nr. 30, September 2017, S. 37-39, auch online unter: http://vonhundert.de/2017-09/784_barbara-buchmaier.php, letzter Zugriff: Juni 2018.

Bundesverwaltungsamt (Hg.), *Arbeitshandbuch „Bürgernahe Verwaltungssprache",* 4. Auflage, Köln: 2002, nur online unter: http://www.bva.bund.de/SharedDocs/Downloads/DE/BVA/Verwaltungsmodernis ierung/Buergernahe_Verwaltungssprache_BBB.pdf, letzter Zugriff: Juni 2018.

Bundesverwaltungsamt (Hg.), *Bürgernahe Verwaltungssprache,* Merkblatt M 18 der Reihe *Empfehlungen zu Darstellung und Inhalt,* 7. Auflage, Köln: 1988 (1. Auflage 1984).

Bußmann, Ulrike, Hombach, Ruth, Stöbe, Sybille, „Mitarbeiter organisieren Verwaltungsentwicklung: Kundenbefragung im Gesundheitsamt Duisburg", in: *Verwaltung und Management*, Jg. 4, Heft 1, 1998, S. 10-14.

Christensen, Ralph, „Die Verständlichkeit des Rechts ergibt sich aus der gut begründeten Entscheidung", in: *Die Sprache des Rechts. Band 1: Recht verstehen. Verständlichkeit, Missverständlichkeit und Unverständlichkeit von Recht*, hg. v. Kent D. Lerch, De Gruyter, Berlin: 2004, S. 21-32.

Eichhoff-Cyrus, Karin M., Antos, Gerd (Hg.), *Verständlichkeit als Bürgerrecht? Die Rechts- und Verwaltungssprache in der öffentlichen Diskussion*, Duden Band 9, Bibliografisches Institut und F. A. Brockhaus AG, Mannheim: 2008.

Englert, Kathrin, Sondermann, Ariadne, „‚Ich versuch hier auch immer so dieses Amtliche irgendwie noch 'n bisschen zu überspielen.' Emotions- und Gefühlsarbeit in der öffentlichen Verwaltung als Ausdruck von Staatlichkeit im Wandel", in: *Österreichische Zeitschrift für Soziologie*, Jg. 38, 2013, S. 131-147.

Felder, Ekkehard, „Grenzen der Sprache im Spiegel von Gesetzestext und Rechtsprechung. Das Konzept der juristischen Textarbeit", in: *Verständlichkeit als Bürgerrecht? Die Rechts- und Verwaltungssprache in der öffentlichen Diskussion*, hg. v. Karin M. Eichhoff-Cyrus und Gerad Antos, Duden Band 9, Bibliografisches Institut und F. A. Brockhaus AG, Mannheim: 2008, S. 96-116.

Fisch, Rudolf, „Die weitreichende Wirkung der Verwaltungssprache", in: *Staat, Verwaltung, Information. Festschrift für Hans Peter Bull zum 75. Geburtstag*, hg. v. Veith Mehde, Ulrich Ramsauer, Margrit Seckelmann, Duncker und Humblot, Berlin: 2011.

Fisch, Rudolf, Margies, Burkhard, „Was tun? Wege zur Wirksamkeit und Nachhaltigkeit der Arbeit an einer guten Verwaltungssprache", in: *Bessere Verwaltungssprache. Grundlagen, Empirie, Handlungsmöglichkeiten*, hg. v. dens., Duncker und Humblot, Berlin: 2014, S. 213-242.

Fish, Stanley, „Recht will formal sein", in: *Die Sprache des Rechts. Band 1: Recht verstehen. Verständlichkeit, Missverständlichkeit und Unverständlichkeit von Recht*, hg. v. Kent D. Lerch, De Gruyter, Berlin: 2004, S. 85-138.

Fluck, Hans-R., „Die Amtssprache", in: *Das Amt. Alltag, Verwaltung, Öffentlichkeit*, Hessische Blätter für Volks- und Kulturforschung, Neue Folge, Band 46, hg. v. Thomas Schindler und Carsten Sobik, Jonas Verlag, Marburg 2010, S. 27-37.

Fluck, Hans-R., „‚steif, verworren, unverständlich, weitschweifig …' – zur Kritikdebatte über die Verwaltungssprache im 18. und 19. Jahrhundert, in: *Verständliche Sprache in Recht und Verwaltung – Herausforderungen und Chancen*, hg. v.

Michaela Blaha und Hermann Wilhelm, Verlag für Verwaltungswissenschaft, Frankfurt a. M.: 2011, S. 141-182.

Gieseler, Jens, „Tote Angehörige werden vom Staat entsorgt. Interview mit Francis Seeck über ordnungsbehördliche Bestattungen", in: *Die Pflegebibel*, Artikel vom 10. 5. 2017, nur online unter: https://die-pflegebibel.de/2017/05/10/tote-ohne-angehoerige-werden-vom-staat-entsorgt, letzter Zugriff: Juni 2018.

Gilhaus, Lena, „Sang- und klanglos zur letzten Ruhe. Trauerfeiern für Verstorbene ohne Angehörige", Sendung im *Deutschlandfunk* vom 29. 8. 2013, auch online unter: http://www.deutschlandfunk.de/sang-und-klanglos-zur-letzten-ruhe.886. de.html?dram:article_id=259488, letzter Zugriff: Juni 2018.

GGO I, *Gemeinsame Geschäftsordnung für die Berliner Verwaltung, Allgemeiner Teil (GGO I)*, Senatsverwaltung für Inneres und Sport, 18. Oktober 2011.

Gruber-Pickartz, Georg J., „Bescheide optimieren – Bericht über einen Praxisworkshop für die Kommunalverwaltung", in: in: *Verständliche Sprache in Recht und Verwaltung – Herausforderungen und Chancen,* hg. v. Michaela Blaha und Hermann Wilhelm, Verlag für Verwaltungswissenschaft, Frankfurt a. M.: 2011, S. 69-88.

Grunow, Dieter, „Selbstverständnis und die Zukunftsperspektiven des ÖGD", Vortrag bei der 57. Landesversammlung Öffentlicher Gesundheitsdienst Bayern am 6. 7. 2007 in Ansbach, nur online unter: http://www.unidue.de/ imperia/md/content/politik/grunow/vortrag_ansbachkorr.pdf, letzter Zugriff: Juni 2018.

Grunow, Dieter, *Bürgernahe Verwaltung. Theorie, Empirie und Praxismodelle,* Campus, Frankfurt a. M. u. a.: 1988.

Guthoff, Heike, „,Das Amt. Das ist immer erstmal so uwäh.' Behörden, Kundenorientierung und Several Shades of Grey", in: *Transdisziplinäre Verwaltungsforschung – Beiträge des Forschungs- und Praxisnetzwerks der Hochschulen für den öffentlichen Dienst* (Arbeitstitel), hg. v. Joachim Beck und Jürgen Stember, Nomos Verlagsgesellschaft, Baden Baden: vorauss. 2018 (im Erscheinen).

Guthoff, Heike, *Kritik des Habitus. Zur Intersektion von Kollektivität und Geschlecht in der akademischen Philosophie,* Transcript, Bielefeld: 2013.

Heinrich, Peter, „Verwaltungssprache als Element der Organisationskultur", in: *Bessere Verwaltungssprache. Grundlagen, Empirie, Handlungsmöglichkeiten,* hg. v. Rudolf Fisch und Burkhard Margies, Duncker und Humblot, Berlin: 2014, S. 49-62.

Henke, Jutta, „‚Mehr sein als eine Nummer' – Arbeitsmarktdienstleistungen aus der Nutzerperspektive", in: *WSI-Mitteilungen,* 3/2014, S. 236-243.

Herzberg, Kurt (Hg.), *Gute Verwaltung durch besseres Verstehen. Chancen und Grenzen einer bürgerfreundlichen Behördensprache,* Tagungsband, Kommunal- und Schulverlag, Wiesbaden: 2015.

Hielscher, Volker, Ochs, Peter, *Arbeitslose als Kunden? Beratungsgespräche in der Arbeitsvermittlung zwischen Druck und Dialog,* Edition Sigma, Berlin: 2009.

Klein, Josef, „Verwaltungssprache – Sprachästhetik und Funktionalität", in: *Bessere Verwaltungssprache. Grundlagen, Empirie, Handlungsmöglichkeiten,* hg. v. Rudolf Fisch und Burkhard Margies, Duncker und Humblot, Berlin: 2014, S. 17-33.

Krümpelmann, Georg, Peter, Christa, „Flotte Schreiben vom Amt", in: *Bessere Verwaltungssprache. Grundlagen, Empirie, Handlungsmöglichkeiten,* hg. v. Rudolf Fisch und Burkhard Margies, Duncker und Humblot, Berlin: 2014, S. 195-202.

Lerch, Kent D. (Hg.), *Die Sprache des Rechts. Band 1: Recht verstehen. Verständlichkeit, Missverständlichkeit und Unverständlichkeit von Recht,* De Gruyter, Berlin: 2004.

Lerch, Kent D. (Hg.), *Die Sprache des Rechts. Band 2: Recht verhandeln. Argumentieren, Begründen und Entscheiden im Diskurs des Rechts,* De Gruyter, Berlin: 2005.

Lerch, Kent D. (Hg.), *Die Sprache des Rechts. Band 3: Recht vermitteln. Strukturen, Formen und Medien der Kommunikation im Recht,* De Gruyter, Berlin: 2005.

Margies, Burkhard, „Warum das Amtsdeutsch so beharrlich ist – und wie man es verändern kann", in: *Verständlichkeit als Bürgerrecht? Die Rechts- und Verwaltungssprache in der öffentlichen Diskussion,* hg. v. Karin M. Eichhoff-Cyrus und Gerad Antos, Duden Band 9, Bibliografisches Institut und F. A. Brockhaus AG, Mannheim: 2008, S. 257-267.

Merton, Robert K., „Three Fragments From a Sociologist's Notebooks: Establishing the Phenomenon, Specified Ignorance, and Strategic Research Materials", in: *Annual Review of Sociology,* Vol. 13, 1987, pp. 1-29.

Nowak, Peter, „‚Die Anonymität brechen'. Interview mit Trauerbuch-Autor*in", in: *Die Tageszeitung* vom 10. 12. 2017, auch online unter: https://www.taz.de/Archiv-Suche/!5464982&s=Francis+Seeck, letzter Zugriff: Juni 2018.

Schediwy, Dagmar, „Keine Blumen, keine Trauerfeier. Amtsbestattungen: Kritiker bemängeln, dass sich Behörden zu wenig Zeit für die Suche nach Angehörigen nehmen", in: *Neues Deutschland* vom 11. 12. 2017, nur online unter: https://www.neues-deutschland.de/artikel/1072816.amtsbestattungen-keine-blumen-keine-trauerfeier.html, letzter Zugriff: Juni 2018.

Schedler, Kuno, Proeller, Isabella, *New Public Management,* 2. Auflage, UTB, Bern/Stuttgart: 2003.

Schendera, Christian F., „Die Verständlichkeit von Rechtstexten. Eine kritische Darstellung der Forschungslage", in: *Die Sprache des Rechts. Band 1: Recht verstehen. Verständlichkeit, Missverständlichkeit und Unverständlichkeit von Recht,* hg. v. Kent D. Lerch, De Gruyter, Berlin: 2004, S. 321-374.

Schendera, Christian F., „Die Verständlichkeit von Rechtstexten und interaktionsorientierter Ansatz", in: *Hermes. Journal of Linguistics,* 29, 2002, S. 125-139.

Scherzberg, Arno, „Die Sprache der Verwaltung – zwischen Verständlichkeit und juristischer Präzision", in: *Gute Verwaltung durch besseres Verstehen. Chancen und Grenzen einer bürgerfreundlichen Behördensprache,* Tagungsband, hg. v. Kurt Herzberg, Kommunal- und Schulverlag, Wiesbaden: 2015, S. 31-55. (Online verfügbar unter dem Titel „Die Sprache der Verwaltung ... ist nicht die Sprache des Rechts": https://www.uni-erfurt.de/fileadmin/user-docs/Oeffentliches_Recht/Internetpubli/Beitrag_Scherzberg_workshop_Berlin_16.pdf, letzter Zugriff: Juni 2018.)

Schultheis, Franz, „Im Dienste öffentlicher Güter. Eine feldtheoretische Annäherung", in: *Mittelweg 36,* Jg. 21, Heft 5, 2012, S. 9-21.

Schultheis, Franz, Vogel, Berthold, „Einleitung", in: *Im öffentlichen Dienst. Kontrastive Stimmen aus einer Arbeitswelt im Wandel,* hg. v. dens. und Kristina Mau, Transcript, Bielefeld: 2014, S. 9-18.

Sechi, Silvia, *Verständlichkeit und Höflichkeit in der deutschen Verwaltungssprache der Gegenwart,* Dissertation, Ruhr-Universität Bochum, 2003, nur online unter: http://webdoc.sub.gwdg.de/ebook/dissts/Bochum/Sechi2003.pdf, letzter Zugriff: Juni 2018.

Seeck, Francis, *Recht auf Trauer. Bestattungen aus machtkritischer Perspektive,* edition assemblage, Münster: 2017.

Rezensionen und Buchbesprechungen:
-    01/2018, Rez. ohne Titel, nur online: https://pressepfarrerin.de/2018/01/02/buecher-was-mit-dylan-und-bisschen-mitdenken, letzter Zugriff: Juni 2018.

- 01/2018 in: *bestattungskultur*, Magazin des Bundesverbandes Deutscher Bestatter e.V., Heft 1, 2018, Rez. ohne Titel, S. 26.
- 11/2017: „Vor dem Tod sind alle gleich?" von Magda Albrecht, in: *Mädchenmannschaft*, nur online: https://maedchenmannschaft.net/vor-dem-tod-sind-alle-gleich, letzter Zugriff: Juni 2018.
- 11/2017: „Wer ist betrauerbar?" von Elisabeth Voß, in: *Contraste. Zeitung für Selbstorganisation*, Ausgabe 398, November 2017, online unter: https://elis.netz.coop/fileadmin/user_upload/CON-398-Nov-2017-Rez-RechtAufTrauer.pdf, letzter Zugriff: Juni 2018.
- 11/2017: „Trauer" von Peter Nowak, in: *ak – analyse & kritik. Zeitung für linke Debatte und Praxis*, Nr. 631 vom 17. 10. 2017, online unter: https://www.akweb.de/ak_s/ak631/20.htm, letzter Zugriff: Juni 2018.
- 10/2017: „Das namenlose Grab" von Peter Nowak, in: *der Freitag*, 10. 10. 2017, nur online: https://www.freitag.de/autoren/peter-nowak/das-namenlose-grab, letzter Zugriff: Juni 2018.

Sondermann, Ariadne, Englert, Kathrin, Schmidtke, Oliver, Ludwig-Mayerhofer, Wolfgang, „Der ‚arbeitende Staat' als ‚Dienstleistungsunternehmen' revisited: Berufliches Handeln und Selbstdeutungen von Frontline-Beschäftigten nach zwanzig Jahren New Public Management", in: *Zeitschrift für Sozialreform*, Jg. 60, Heft 2, 2014, S. 175-201.

Stickel, Gerhard, „Bei den kommunikativen Bedingungen und dem Sprachgebrauch der Behördenvordrucke nachgefaßt", in: *Die Sprache des Rechts und der Verwaltung*, bearb. v. Ingulf Radtke, Bd. 2 der Reihe *Der öffentliche Sprachgebrauch*, hg. v. d. Deutschen Akademie für Sprache und Dichtung, Klett-Cotta, Stuttgart: 1981, S. 284-304.

Strauss, Anselm L., *Grundlagen qualitativer Sozialforschung. Datenanalyse und Theoriebildung in der empirischen soziologischen Forschung*, Wilhelm Fink Verlag, Müchen: 1991.

Strauss, Anselm, Corbin, Juliet, *Basics of Qualitative Research. Techniques and Procedures for Developing Grounded Theory*, 2nd edition, Sage Publications, Thousand Oaks: 1998.

Vahle, Jürgen, „Bestattungs- und Friedhofsrecht – ein Überblick über Rechtsgrundlagen, Bestattungsformen und Kostenfragen", in: *Deutsche Verwaltungspraxis*, Jg. 60, Heft 2, 2009, S. 52-60.

Weinbach, Christine, „Moralische Personenkategorien als Transformationsmechanismus in politischen Dienstleistungsbeziehungen: Das Beispiel der Jobcenter-Interaktion, in: *Zeitschrift für Soziologie*, Jg. 43, Heft 2, 2014, S. 150-166.

Wilhelm, Hermann, „Verwaltungstexte vor Gericht", in: *Verständliche Sprache in Recht und Verwaltung – Herausforderungen und Chancen,* hg. v. Michaela Blaha und dems., Verlag für Verwaltungswissenschaft, Frankfurt a. M.: 2011, S. 113-140.

> ➤ Zur Autorin: *Dr. Heike Guthoff* ist an der Hochschule für Wirtschaft und Recht Berlin als wissenschaftliche Mitarbeiterin im Projekt „DISK – Design institutionalisiert Service- und Kundenorientierung" beschäftigt.

Brücken über den digitalen Abgrund? – Wie man mit Messenger-Apps Kommunikation und Kollaboration in Kursen verbessern kann (aber nicht muss)

Marcus Birkenkrahe

Hochschule für Wirtschaft und Recht Berlin

1 Vorrede – in Glienicke ankommen

Die Verwaltungswissenschaften sind nicht mein Metier. Ich musste mich daher erst einmal in Richtung Verwaltung aufmachen. Hilfreich hierbei war ein Buch von Jules Verne, das mir in die Hände fiel, mit dem Titel „Paris im 20. Jahrhundert", geschrieben im Jahre 1863 (Verne, 1996). In diesem Buch stellt sich der Autor die Welt des Jahres 1960 vor und beschreibt die herrschende Bildungslandschaft mit den folgenden Worten:

> „Durch eine gezielte Vermehrung von Universitätszweigstellen, Gymnasien, Oberschulen, Grundschulen, christlichen Pensionaten, Vorbereitungsklassen, Seminaren, Vorlesungen, Asylräumen, Waisenheimen war eine durchschnittliche Bildung bis in die letzten Schichten der gesellschaftlichen Ordnung gedrungen. Auch wenn niemand mehr las, so konnte doch jeder lesen, ja sogar schreiben; da war kein Sohn eines ehrgeizigen Handwerkers, eines heruntergekommenen Bauern, der nicht Anspruch auf eine Stelle in der Verwaltung erhoben hätte; das Beamtentum entwickelte sich in allen nur möglichen Formen; später werden wir sehen, welches Angestellten her von der Regierung im Gleichschritt geführt wurde, und zwar militärisch."

Das Zitat beleuchtet wichtige Aspekte der gegenwärtigen Situation – beispielsweise den gestiegenen Bildungsstandard und die steigende Standardisierung, die in der Verwaltung dieser Form tatsächlich eingetreten ist und die im Zeitalter wachsender Digitalisierung ständig zunimmt (Bressem et al, 2018). Ein solches Zitat ist zudem ein gutes Beispiel für die Art von Nachricht, die ich meinen Studierenden beispielsweise an einem Sonntagmorgen via Messenger im Chat schicken würde, vorausgesetzt, es passt zum Kursthema oder zu einer Lehrveranstaltung. Meine Erfahrungen mit diesem Chat im Allgemeinen und mit dem Werkzeug der Messenager-Apps im Besonderen, sind Anlass für diesen Vortrag.

2 Hintergrund – wo liegt das Problem und was war meine Lösung?

Im ersten Schritt möchte ich nur eines der systemischen Probleme hervorheben, mit denen die Teilnehmer kommunikativer und kollaborativer Prozesse an der Hochschule zu kämpfen haben. Systemisch daher, weil sich die Problembeschreibung nicht auf individuelle Teile oder Teilnehmer der Hochschule bezieht, sondern auf das Ganze. Das ausgesuchte Problem passt hierbei zum Werkzeug der Messenger-Apps, das ich weiter unten genauer beschreiben werde.

a) Herausforderungen von Kommunikation und Kollaboration in der Hochschule

Für Kommunikation und Kollaboration in der Hochschule gibt es drei relevante Nutzergruppen: Lehrende, Studierende und Externe (i.S. des Unterrichts oder der Organisation, bspw. Verwaltung oder externe Experten). Die drei Nutzergruppen kommunizieren untereinander – bspw. Studenten mit Studenten während eines Semesterprojekts – und miteinander – bspw. Dozenten mit Studenten zwischen Blockveranstaltungen.

Persönlich erfahre ich Kommunikation als wachsende Herausforderung. Aus qualitativ unterschiedlichen Gründen: es gibt viel mehr Kanäle, vor allem digitale Kanäle, über die Information mich erreicht oder die mich auch nicht erreicht, wenn der Kanal schweigt oder ich ihn abschalte, weil ich mich überfordert fühle. Die Einführung digitaler Kanäle erhöht die Komplexität der Kommunikation aber nicht gleichzeitig die Qualität (Klewes, 2017).

Eine Unmenge an Kommunikation geht am Unterricht völlig vorbei. Ergebnisse werden zwar kommuniziert, gehen aber an der Gruppe vorbei. Die Mehrzahl der Studierenden nimmt an unterrichtsbezogener Kommunikation gar nicht teil. In der Präsenzlehre werden Folgeprobleme von den Dozierenden aufgefangen – oder eben nicht (Galegane, 2015).

Digitale Räume eröffnen die Möglichkeit, Fakten, Prozesse und Ergebnisse miteinander zu teilen – digitale Archive sind für Wissensmanagement zentral (Borgman, 2018). Der Preis ist: es muss mehr und anders kommuniziert werden. Kollaboration findet zunehmend in physischem Abstand statt (Marheineke et al, 2016). Kollaboration ist der Folgeprozess: ich kann kommunizieren ohne zu kollaborieren, aber wenn ich kollaboriere, muss ich kommunizieren.

Ein konkretes Problem der Hochschule in diesem Zusammenhang ist, dass die Infrastruktur, die an den meisten Hochschulen verfügbar ist, nicht im Hinblick auf Kommunikation oder (in Folge) Kollaboration optimiert ist. Drei empirische Beispiele hierfür, ich nenne Sie „Fallen" für Kommunikation, die in meiner Lehrpraxis viel Zeit verschlingen, geordnet nach zunehmender Komplexität und zunehmender Relevanz der unterliegenden Kommunikation für Kollaboration:

A) Die „FAQ-Falle": Im Unterricht müssen viele vor allem administrative, einfache Fakten immer wieder von mir gesagt werden. Das kostet viel Zeit und, bei fortschreitenden Jahren, Nerven. Dabei können viele dieser Fragen der Studierenden auch von anderen Studierenden selbst beantwortet werden. Eine Plattform, die diese Art von Kommunikation unterstützt, gibt es zunächst nicht. Sie muss vom Lehrenden verstanden, konzipiert und eingerichtet werden – bspw. als Forum für häufig gestellte Fragen (FAQ) oder als Wiki.

B) Die „Hausarbeits-Falle": forschendes Lernen bedeutet, dass die Studierenden Ihre Ergebnisse dokumentieren müssen. Üblicherweise geschieht dies im Rahmen von kurzen oder erweiterten Hausarbeiten. Ebenso üblich ist, dass nur der Lehrende die Ergebnisse der Studierenden zu sehen bekommt. Er ist aber derjenige, der inhaltlich am wenigsten davon hat (deshalb unterrichtet er das Fach ja!) – vielmehr sollten die Studierenden sie zu sehen bekommen. Dieser Vorgang ist in der Wissenschaft als erster Schritt des Peer-Review bekannt und zentral für die Kommunikation, die zu glaubwürdiger und relevanter Forschung führt (Stackman, 2018). Wie in (A) gibt es keine Standardinfrastruktur hierfür. Bei einigen Lernplattformen kann man den Vorgang mit einigem (jedoch erstaunlich geringem) Aufwand gut simulieren (bspw. hat

Moodle eine ausgezeichnete peer-review Aktivität, die sogenannte „Gegenseitige Beurteilung") – viel verwendet wird es nicht. Interessanterweise führte dieser Bedarf zu jener Klasse von Software, die wir als Plagiats-Checker kennen, z.b. Turnitin: der ursprüngliche Anlass, Anonymisierung und peer-review von Hausarbeiten, verkümmerte allerdings, und nur der Kontrollaspekt erhielt sich als kommerziell tragfähige Funktion (Khoza 2015).

C) Die „Abschlussarbeiten-Falle": die aufwändigste und rein vom numerischen Ergebnis her wichtigste Leistung wird vom Studierenden am Studienende in Form der Abschlussarbeit erbracht. Die Abschlussarbeit ist mehr als eine seitenmäßig erweiterte Hausarbeit, eher ein qualitativer Weitsprung. Es ist also genau die Art von Arbeit, bei der Forscher (vor allem in den angewandten Wissenschaften) schon seit langem aus rein praktischen Erwägungen vorziehen, in Gruppen zu arbeiten (Rangarajan & Shields, 2018) – Kommunikation nach vielen Seiten, Kollaboration mit vielen Partnern, selbst wenn am Schluss nur einer oder wenige Autoren das Einzelergebnis persönlich verantworten[1]. In der Hochschule jedoch ist die Abschlussarbeit, die ansonsten alle Kennzeichen einer wirklichen Forschungsleistung trägt, üblicherweise eine Zeit der völligen Isolation des Studierenden. Dies ist weder zeitgemäß noch der Art der Arbeit angemessen (Ali et al, 2006). Wie in den anderen Beispielen gibt die Hochschule hier keine spezifische Infrastruktur an die Hand, die den schwierigen Prozess begleiten könnte. Erfolgreiche Betreuer von Abschlussarbeiten müssen eine derartige Infrastruktur selber schaffen und pflegen. Für die von mir betreuten Studierenden richte ich bspw. Moodle-Foren ein. Das Forum ist aber ein Werkzeug für strukturierte, moderierte

---

[1] Ausnahmen sind vor allem die Naturwissenschaften, bei denen nicht Dutzende, sondern, in Abhängigkeit von der Art und dem Umfang der Forschungsaufgabe, hunderte von Wissenschaftlern kollaborieren (CERN, 2018). Obwohl die Sozialwissenschaften in vielerlei Hinsicht getrennte Wege gehen, ist ein ähnlicher Trend doch auch hier zu beobachten – schon allein wegen des Primats der Methode, die praktisch erfordert, dass Experten verschiedener Methoden an einer Aufgabe arbeiten (Holgate, 2012).

Online-Diskussionen, das bspw. nicht für den schnellen Austausch von Informationen geeignet ist (Macdonald, 2018).

Ich bin auf diese Beispiele in einiger Breite eingegangen, weil ich sie weiter unten, nachdem ich meine Teil-Lösung für diese Probleme der Kommunikation und Kollaboration präsentiert habe, wieder aufgreifen möchte. Gleichzeitig ist die Problembeschreibung für diesen Vortrag besonders relevant, weil sie gleichsam als Begründung für das von mir geplante Forschungsvorhaben dient.

In meiner eigenen Lehre tue ich genau das, was ich in jedem Beispiel als Gegenmaßnahme angedeutet habe, und zwar bereits seit vielen Jahren. Von einigen der von mir verwendeten Werkzeuge habe ich beim 22. Glienicker Gespräch berichtet (Birkenkrahe, 2011). Diese Werkzeuge - Wikis, Webinare, Blogs - sind weiterhin aktuell, wenn auch mittlerweile nicht mehr so neu. Lernplattformen (Learning Management Systeme, LMS) wie Moodle haben mehr Funktionen bekommen, auch didaktisch innovative (z.B. Games), sie haben sich aber im Prinzip nicht verändert. Eine LMS-basierte Lern-Infrastruktur ist besser als gar keine, aber sie deckt einige der von den Studierenden bevorzugten Formen von Kommunikation und Kollaboration einfach nicht ab – oder jedenfalls nicht ohne erheblichen administrativen Aufwand seitens des Lehrenden.

Die Teillösung für die skizzierten Probleme, auf der dieser Vortrag beruht, die Messenger, gab es bspw. bereits 2011 in Moodle (dem Lernmanagement-System der HWR Berlin), wo ich sie aber nie verwendete – u.a., weil Chatting bei den Studenten 2011 bei weitem nicht so populär war wie 2018 (Minalla, 2018).

b) (Teil-)Lösung durch Einführung von Chat-Tools in den Unterricht

Im Sommer 2015 erfuhr ich von der Anwendung „Slack" – erstmals 2013, also einige Jahre nach WhatsApp vermarktet (Koetsier, 2013). Slack ist einerseits ein typischer Messenger – eine Chat-Anwendung – andererseits erweiterbar. In dieser Erweiterbarkeit liegt ein wesentlicher Vorteil der App. Durch Plugins kann man Slack insbesondere zu einem wertvollen Werkzeug für das Teilen von Wissen und für das Management von Projekten erweitern: das Werkzeug passt sich dadurch dem Workflow an, statt umgekehrt der Workflow dem Werkzeug.

In der Industrie ist Slack seit 2015 als „E-mail Killer" bekannt – die Applikation beginnt in vielen Unternehmen E-mail als primäres Medium der digitalen Kommunikation zu ersetzen. Ganz klar ist nicht, warum – beispielsweise wird immer noch diskutiert, ob der Einsatz (und Erfolg) von Messenger-Apps wie Slack die Arbeit verändert, oder ob die Messenger-Apps so populär sind, weil sich der Charakter der Arbeit verändert hat (Jacobs, 2015). Dasselbe könnte man sich in der Lehre fragen: verändern digitale Werkzeuge die Lehre nachhaltig (und liefern damit den Grund für ihr weiteres Wachstum), oder sind die Werkzeuge so populär, weil die Menschen jetzt anders lernen (und werden damit eventuell von etwas völlig anderem abgelöst, wenn sich die Lernformen erneut ändern)? Ich erwähne diese Fragestellungen hier nicht, weil ich eine Antwort präsentieren könnte, sondern weil sie indirekt zeigen, dass die Wurzeln des oberflächlich einfachen, unkomplizierten Einsatzes von Messenger-Apps möglicherweise tief reichen, was bekannt sein sollte, seitdem Heidegger vor mehr als einem halben Jahrhundert „Die Frage nach der Technik" als Frage nach dem modernen Menschsein artikulierte (Heidegger, 1953):

> „Die Technik ist also nicht bloß ein Mittel. [...] Das Wesen der Technik ist in einem hohen Sinne zweideutig."

Dennoch wollen wir uns zunächst das Mittel, d.h. das Werkzeug, angucken. In meinem Fall sind es zwei Werkzeuge: Slack und GroupMe. Ich setze Slack seit 2015 in allen meinen Lehrveranstaltungen ein. Seit 2018 verwende ich zudem GroupMe, eine funktional vergleichbare, aber insgesamt einfachere Software von derselben Art. Im nächsten Abschnitt möchte ich erläutern, wie diese beiden Messenger-Apps aussehen und wie ich sie einsetze.

3 Anwendungsbeispiele – wie sieht ein Messenger aus und wie wende ich die Software an?

Um mich nicht im Technischen oder im Alltäglichen zu verlieren, habe ich für die Darstellung der Funktionen der Apps je einen typischen Screenshot der Nutzeroberfläche gemacht, den ich kurz beschreibe. Einfacher wäre es, wenn Sie sich Slack und GroupMe jeweils selbst im Browser anschauen oder sich unter YouTube entsprechende Tutorials angucken, die leicht zu finden sind.

a) Slack

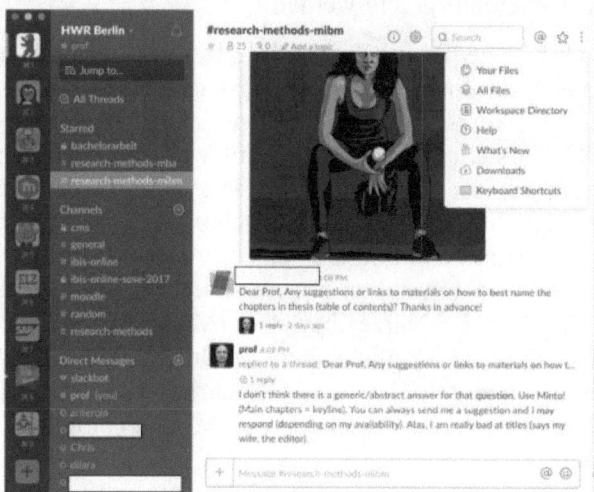

Abb. 1: Abbildung von Slack (Desktop).

Im Bildbeispiel (Abb. 1) sehen Sie drei Spalten. Ganz links können Sie erkennen, dass ich an neun (9) verschiedenen sog. Slack-Teams beteiligt bin. Nicht alle dieser Teams habe ich selber gegründet. Ein Slack-Team hat verschiedene Kanäle. In der nächsten Spalte können Sie diese Kanäle für das Slack-Team „HWR Berlin" sehen: einige dieser Kanäle sind öffentlich (bspw. „#general" oder „#random"), andere sind privat (bspw. „ibis-online-sose-2017"), d.h. man muss in den Kanal eingeladen werden und nur Teilnehmer sehen diesen Kanal überhaupt. Obwohl ich der Gründer und Betreiber dieses Kanals bin, kann es Kanäle geben, die ich nicht einmal sehe, wo sich bspw. Studierende miteinander unterhalten. Der Zugriff auf das Slack-Team selbst erfolgt via Registrierung und ist hier eingeschränkt auf Teilnehmer mit Mail-Adressen der HWR. Eine Mitteilung von Telefonnummern ist nicht nötig (anders als bei WhatsApp). Weil die Anwendung eine externe Infrastruktur ist und als solche nicht als sicher im Sinne des Datenschutzes gelten kann, ist die Teilnahme an Slack in meinen Veranstaltungen optional.

Die Hauptaktivität befindet sich in der Abb. 1 auf der rechten Seite: dort werden Nachrichten ausgetauscht. Die Nachrichten sind meistens kurz, können aber beliebig lang sein. Digitale Medien (Filme, Bilder, Audio-aufnahmen) können ebenfalls geteilt werden.

Der Kanal, den ich hier geöffnet habe, heißt „#research-methods-mibm". Er ist zum Austausch für einen Kurs über Forschungsmethodik in einem Masterprogramm (abgekürzt als MIBM bekannt) und hat 25 Mitglieder (von insgesamt 35 Kursteilnehmern). Ohne auf weitere Details einzuge-hen, ist wohl bereits aus der Abbildung klar, dass es hier viele Auswahl- und Einstellungsmöglichkeiten gibt. Nicht sichtbar ist das Wirken von Chat-Bots, von automatischen Programmen, die häufig hilfreich in den Workflow eingreifen und Empfehlungen aussprechen, die sich auf die vorangegangen Eingaben der Nutzer beziehen (Mathieson, 2018). Eben-falls nicht sichtbar sind die Möglichkeiten, die Interaktion mit der App selbst zu steuern: bspw. durch Filtern von Nachrichten, Ändern der Be-nachrichtigungsfrequenz, Automatisierung der Benachrichtigung, Teilen mit anderen Apps usw.

b) GroupMe

GroupMe ist ein Werkzeug von Microsoft, das in der Bedienung und in den Möglichkeiten deutlich einfacher ist als Slack. Beispielsweise gibt es keine Bots, und nur einen einzigen Kanal für jeden Kurs (oder jede Grup-pe). Die Möglichkeiten, sich Nachrichten schicken zu lassen, sind eben-falls sehr eingeschränkt.

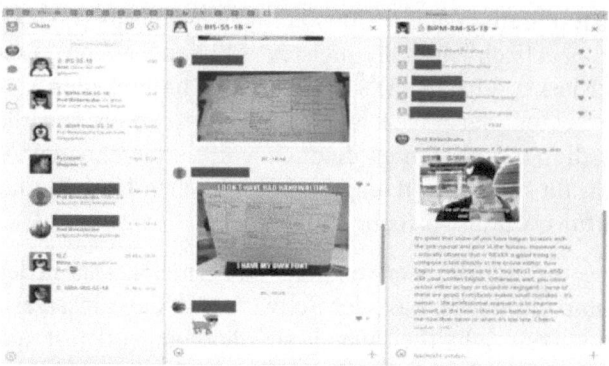

Abb. 2: Ausschnitt von GroupMe (Desktop).

In der Abbildung 2 ganz links werden die Chats, also die verschiedenen Online-Kanäle mit Konversationen, angezeigt. Dabei werden private nicht von Unterhaltungen in Kursen unterschieden.

In den zwei nebenstehenden Spalten sehen Sie die Chats in zwei verschiedenen Kursen aus dem (gerade laufenden) Sommersemester 2018.

4 Einsatz im Unterricht

Prozedural lade ich die Studierenden meiner Kurse vor der ersten Lehrveranstaltung bereits in den Messenger ein. Dort bitte ich sie dann, mir ihre Erwartungen mitzuteilen und poste auch schon einzelne Inhalte (welcher Art, dazu siehe weiter unten) – das hat die Wirkung, dass die Studierenden mehrere Tage vor der Veranstaltung bereits angewärmt und eingestimmt sind und wird in der Regel gut angenommen. Die Teilnahme am Messenger ist übrigens nicht verpflichtend – das darf ich gar nicht, denn über den Datenschutz der Anwendungen kann ich nichts sagen. Deshalb darf das Bestehen des Kurses auch nicht von der Teilnahme am Messenger abhängen. Unmittelbar prüfungsrelevante Inhalte oder Informationen bspw. werden bei mir immer nur über Moodle, also die Plattform, bei der die Studierenden zur Teilnahme verpflichtet sind, geteilt. Allerhöchstens werden sie auf der Messenger-Plattform gedoppelt.

Die technische Beschreibung der beiden betrachteten Apps war zugegebenermaßen sehr oberflächlich. Die meisten Messenger-Apps (auch der Platzhirsch am Markt, WhatsApp) weisen mehr Ähnlichkeiten als Unterschiede zu den beiden Beispielen auf. Die Anpassbarkeit von Slack als Werkzeug hebt die App allerdings deutlich von vergleichbaren Apps ab und ist vor allem für die Verwendung im betrieblichen Umfeld, und gerade auch bei Startups, verantwortlich.

Die Technologie bedingt die Verwendung größtenteils. Das bedeutet im Fall von Slack und GroupMe, dass der Schwerpunkt des Einsatzes auf der Begleitung von kurzen, inhaltlich wenig aufwändigen (oft fast „gehaltlosen") Nachrichten liegt. Schon die Beispiele, die in den Abbildungen 1 und 2 sichtbar sind, zeigen, dass – man könnte sagen, dass es sich um „Morpheme" oder Textbausteine der Kommunikation handelt[2]. Hier ist eine Liste der sieben Morpheme (7Es), die ich im begleitenden Einsatz von Slack und GroupMe in Kursen beobachtet habe, geordnet nach Häufigkeit („Erinnerung" kommt am häufigsten, Erhebungen am wenigsten vor). An den Beispielen sieht man, dass hier durchaus auch Studierende tätig sind, bzw. dass die Nachricht eines Studierenden nicht selten den Ausgangspunkt darstellt.

Morphem	Inhalt	Beispiel (Text im Chat)
Erinnerung	Termine, Räumlichkeiten, Fristen	Dozent: „Dran denken: kommenden Di treffen wir uns im Raum A 0.02"

---

2   In der Linguistik (und insbesondere in der konstruktivistischen generativen Grammatik nach Chomsky) sind Morpheme die kleinsten grammatischen Blöcke. Ich verwende den Begriff hier metaphorisch, weil es in der Kommunikationstheorie keinen besseren Begriff zu geben scheint. Außerdem gibt es interessante aktuelle Forschungsrichtungen im Bereich der Linguistik, deren Wege auch angrenzende Wissenschaften wie die Didaktik kreuzen – bspw. das „Garden Path Phenomenon" (Li & Sheng, 2017): unvollständige, aber grammatisch korrekte Sätze, die Menschen dazu verführen, sie falsch (d.h. nicht wie beabsichtigt) zu vervollständigen. Dieses Phänomen wird z.B. für die Online-Prüfung der Menschlichkeit („I am not a robot") angewendet.

Erkenntnis	Häufig gestellte Fragen (FAQ) oder Fragen, die alle betreffen. In der Regel als Antwort auf eine Studentenfrage online, gelegentlich aber auch aus der Präsenzzeit.	Student: „Unsere Angular-JS Lektion wäre soweit fertig (Bis auf Quiz, Badge und Quellen). Könnten Sie uns ein kurzes Vorab-Feedback geben?"
Erweiterung	Interessante Filme, Artikel, Bücher, Medien: Ich erweitere den inhaltlichen Umfang bzw. biete den Interessierten über die Veranstaltung hinaus mehr an. Zugleich wird Aktualität hergestellt.	Dozent: „Good question: 'Will Artificial Intelligence Make You A Better Leader?' from McKinsey (2018)" [+ Link]
Ermutigung	Ich kommentiere die Vollständigkeit oder Qualität einer Hausaufgabe oder einer Veranstaltung. Realitätscheck.	Dozent: „Einige von Ihnen haben ausgezeichnete Zusammenfassungen der Leseaufgabe hochgeladen."
Ergebnisse	Kommentare zu oder Lösungen für anstehenden oder gerade durchgeführten Übungen.	Dozent: „Die Lösungen zu den Wochenaufgaben sind jetzt in Moodle verfügbar" [+ Link]
Erbauung	Beiläufige Informationen, die nicht notwendigerweise in inhaltlichem Zusammenhang mit dem Kurs stehen, aber eine lebendigere Beziehung zwischen den Kursteilnehmern (und auch mit dem Dozenten) ermöglichen	Student: „Wie stehen Sie eigentlich zu Bitcoin und Kryptowährung allgemein?" Dozent: „Gutes Buch, das ich gerade lese – "Philosophie der Technik: Eine Einführung (Beck'sche Reihe)" von Klaus Kornwachs" [+ Link]

| Erhebung[3] | Kurze, kurzfristige Umfrage zu einer aktuellen Fragestellung. | Dozent: „Wie finden Sie die Verwendung von GroupMe im Kurs bisher?" |

Abb. 3: Messenger-Morpheme im Unterricht.

Außer Texten sind viele dieser Morpheme von Bildern, GIFs oder Videos begleitet, um die Attraktivität der einzelnen Nachricht zu steigern. Besonders beliebt sind sogenannte „Memes", das sind Kurzbotschaften, die vom Sender in ein GIF oder ein Bild eingefügt wurden:

> „Very few things can convey emotion like an animated GIF...the internet has become obsessed with the file format." (Panzironi, 2016).

Nicht aufgeführt sind „private Gruppen" – die Studierenden haben die Möglichkeit, ihre eigene Gruppenarbeit über den Messenger zu organisieren. Üblicherweise habe ich als Dozent an solchen Gruppen keinen Anteil.

Eine hermeneutische Analyse dieser Morpheme wäre eine spannende Erweiterung dieser kurzen Betrachtung. Wie wir im nächsten Abschnitt sehen wären, ist die Datenlage hierfür ausgezeichnet.

Zu Diskussionen im eigentlichen Sinne führen die wenigsten dieser Nachrichten: das ist ein wichtiger Unterschied zwischen einem Forum und einem Messenger. Foren sind für fortlaufende Diskussionen, die in sogenannten „threads" verlaufen, gebaut. Wenn man einmal in einem solchen thread ist, kann man leicht Kontakt mit den Informationen halten, sie wiederfinden, sich einschalten usw. Auch Slack kennt threads, allerdings werden sie wenig verwendet: das Medium ist, im Vergleich zum Forum, sperrig, wenn es um Diskussionen geht. Slack (und GroupMe noch mehr) ist für den schnellen Schlagabtausch gemacht und dort viel effektiver als ein Forum. Slack ist ebenfalls nicht für das Ablegen und Wiederfinden

---

3 Erhebungen (Umfragen) sind in GroupMe leicht, in Slack nur unter Hinzufügung eines Plugin (also Zusammenschalten mit einer anderen App) verfügbar. Dieses Zusammenschalten ist zwar einfach, muss aber erst gemacht werden. Deshalb findet sich dieses Morphem vermutlich am unteren Ende der Liste. Strenggenommen gehört es auch nicht in die Liste, denn es ist eine eigene Anwendung, nicht nur Inhalt für einen Textblock.

von Daten, also für das Dokumentenmanagement, geeignet. Diese funktionalen Schwächen fanden sich auch in der Nutzerbefragung (siehe unten) wieder.

5 Erste Ergebnisse – welche Daten konnte ich bisher sammeln und was sagen sie aus?

Im nächsten Abschnitt möchte ich kurz einige Erhebungen vorstellen und vorläufig deuten.

a) Nutzerstatistik

Sämtliche vorgestellten Statistiken habe ich Slack selbst entnommen. Schon in der Umsonst-Version der Software, die ich verwende, sind umfangreiche Informationen einsehbar.

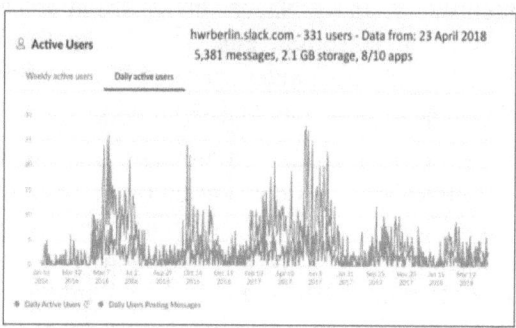

Abb. 4: Nutzung von Slack in mehreren Kursen über einen Zeitraum von 27 Monaten.

Abbildung 4 zeigt das Nutzungsprofil eines Slack-Teams, in dem mehrere verschiedene Kurse gleichzeitig aktiv waren. Die Daten wurden zwischen der Gründung des Teams im Januar 2016 und März 2018 erhoben, also über einen Zeitraum von mehr als zwei Jahren. In dieser Zeit haben 331 Nutzer sich in diesen Kursen über Slack beteiligt (das ist eine Beteiligung von fast 100%, d.h., wenige Kursteilnehmer haben die Möglichkeit wahrgenommen, sich nicht an Slack zu beteiligen). Die Kurszeiträume folgen nicht alle demselben zeitlichen Semesterablauf – bspw. liefen einige Kurse auch in der vorlesungsfreien Zeit. Dargestellt sind nur die täglichen

Besuche bzw. Nachrichten. Interessant ist hier für mich vor allem die Tatsache, dass Slack durchgängig genutzt wurde und dass es jedenfalls keine Abhängigkeit von der Novität der Anwendung zu geben scheint, oder jedenfalls nicht in den ersten 18 Monaten der Nutzung (bis August 2017). In den letzten sechs Monaten des Einsatzes von Slack hatte ich Slack und GroupMe parallel im Einsatz: die Zahl der neu zu Slack hinzugekommenen Studierenden verringerte sich, entsprechend verringerte sich die Zahl der täglichen aktiven Nutzer bzw. Nachrichten.

Beachten Sie hier (und in den anderen Schaubildern) die hohe Zahl der Nachrichten und m.E. auch die Menge an Speicherplatz, die genutzt wurde: die Frequenz, mit der ich Nachrichten absetze, ist höchstens 5 Mal pro Woche, d.h. ich schicke selten mehr als 1 Nachricht pro Tag ab[4]. Es folgt daraus, dass die überwältigende Zahl der Nachrichten (nämlich fast 5.000 Nachrichten insgesamt) von den Studierenden geschickt wurde. Das sind im Schnitt im Beobachtungszeitraum 45 Nachrichten je Studierender pro Woche. Jede dieser Nachrichten entspricht einer Äußerung. In meinem Präsenzunterricht äußert sich ein Studierender im Schnitt nicht mit dieser Frequenz – selbst bei kleinen Kohorten wäre das kaum möglich.

Das Verhältnis von Zahl der aktiven Nutzer zu Nutzern, die Nachrichten posten, ist hier im Schnitt etwa 3:1. Dass das Verhältnis > 1 ist, ist nicht unerwartet, dass es so wenig von 1 abweicht, hat mich überrascht. Vergleichen Sie das einmal mit dem von Ihnen beobachteten Kommunikationsverhalten im Unterricht: das würde bedeuten, dass ein Drittel der Kursteilnehmer regelmäßig aktiv beteiligt ist – zumindest in meinen Lehrveranstaltungen ist das sehr, sehr selten – außer natürlich während Übungen, die besonders gestaltet sind, um die Beteiligung zu erhöhen. Aber das ist eben ein Besonderes der Messenger-Kommunikation: diese Zahlen bilden den Normalzustand ab, nicht die Übungsveranstaltung oder die Prüfungssituation.

---

4 Das ist schon deutlich mehr, als ich den Studierenden via Moodle, d.h. via Email, zumuten würde. Via Moodle/Email schicke ich in der Regel mittlerweile nicht mehr als 1 Nachricht je Veranstaltung (zur Nachlese). Mehr Nachrichten würden meiner Erfahrung nach von den Studierenden kaum wahrgenommen werden.

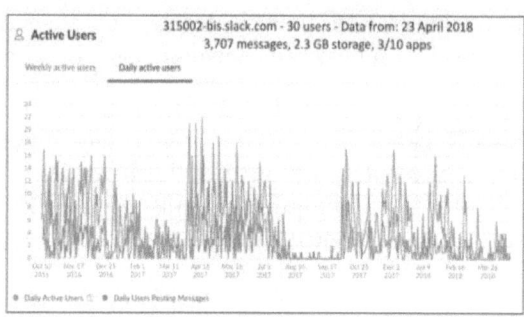

Abb. 5: Nutzung von Slack in einem Kurs mit zwei Kohorten über einen Zeitraum von 18 Monaten.

In Abbildung 5 ist die Ausgangssituation verändert: hier betrachten wir Daten aus einem Kurs mit drei aufeinanderfolgenden Kohorten von insgesamt 64 Studierenden (24 in der ersten Kohorte, von Oktober 2016 bis September 2017, 40 in der folgenden Kohorte von April 2017 bis September 2018). Die Beteiligung an Slack lag hier (bei insgesamt 30 aktiven Nutzern) also unter 50%. Eine Erklärung hierfür könnte sein, dass es sich um einen Kurs handelt, bei dem die Studierenden mit 8 Semesterwochenstunden recht intensiven Kontakt miteinander und mit mir als Dozenten hatten. Das Bedürfnis, über die Präsenzzeiten hinaus miteinander zu kommunizieren, wurde also nicht von allen geteilt – wie erwähnt war es auch nicht gefordert.

Ungebrochen hingegen scheint das Bedürfnis der übrigen 48%, miteinander Nachrichten auszutauschen oder sich täglich Slack anzuschauen („Daily Active Users"): die Teilnahmefrequenz und die Nachrichtenfrequenz sind unverändert hoch, das Verhältnis der beiden ist immer noch 3:1. Die Zahl der Nachrichten pro Kopf und je Woche ist ebenso hoch wie im vorangegangenen Beispiel (45 je Student pro Woche – nach Abzug der Dozentennachrichten).

Deutlich zu sehen ist hier die Auswirkung der Semesterzeiträume – die Beteiligung sinkt in den Monaten Februar-März bzw. August-September.

Die sichtbare Aktivität ab Oktober 2018 bis März 2018 fand außerhalb des Unterrichts statt. D.h. der Kommunikationskanal Slack blieb populär und es wurden in Spitzenzeiten 10-15 Nachrichten täglich ausgetauscht. Dieses Muster ist im nächsten und letzten Beispiel noch deutlicher zu sehen.

Beim vorliegenden Beispiel handelte es sich übrigens um einen Kurs Wirtschaftsinformatik im 2. Semester, d.h. im Vergleich zu den Teilnehmern in den anderen Schaubildern vermutlich technik-affinere Studierende. Rein auf Basis dieser Daten scheint die Technik-Affinität aber keine dominierende Rolle zu spielen.

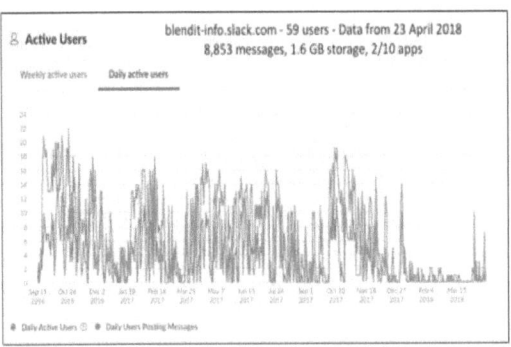

Abb. 6: Nutzung von Slack durch zwei Kohorten in drei Kursen über einen Zeitraum von 19 Monaten.

Im letzten Beispiel handelt es sich um Studierende aus drei kleineren, verschiedenen Kursen (im ersten und im zweiten Semester) in zwei verschiedenen Kohorten. Der Studiengang ist ein Abendstudiengang, d.h. die Studierenden sind berufstätig. Tatsächlich ist es noch etwas komplizierter: es handelt sich hier um einen Piloten, den sog. BWL-Studiengang „BlendIT" am Fachbereich 1 der HWR Berlin, in dem bis zu 50% der Kurslast als Online Präsenz (d.h. unter Verwendung der Webinar Software Adobe Connect) angeboten werden. Die Studierenden sind also in jedem Fall, wie im Beispiel der Abb. 5, wenigstens stärker an die Nutzung von IT gewöhnt. Es handelte sich um insgesamt 61 Studierende, von denen 59, also beinahe alle, an Slack teilnahmen.

Der Beobachtungszeitraum ist ungefähr wie vorher, September 2016 bis März 2018, also 18 Monate, allerdings wurde der erste Kurs im WS 2016/17, der zweite Kurs erst im WS 2017/18 gelehrt, und der zweite bzw. dritte Kurs endeten bereits im November 2017 bzw. Januar 2018 (was in der Grafik auch klar zu sehen ist).

Überraschend sind hier mehrere Dinge: das Verhältnis von Teilnahme zu Teilnahme mit Nachricht ist durchgängig höher, in der Regel mindestens 2:1 oder sogar besser. D.h. viel mehr Teilnehmer beteiligen sich aktiv an Diskussionen oder posten Nachrichten.

Beachten Sie die Zahl der Nachrichten, die von diesen Nutzern ausgetauscht wurden: sie ist mit durchschnittlich 144 Nachrichten je Student pro Woche mehr als dreimal so hoch wie in den anderen Beispielen! Eindrucksvoll ist ebenso, dass sich die Semesterferien fast nicht auswirken – die Gruppen kommunizieren beinahe durchgehend.

Alle diese Ergebnisse sind für einen Abendstudiengang vielleicht nicht unerwartet – die Studierenden nehmen nur am Wochenende und am Abend an Lehrveranstaltungen teil und hängen unter der Woche oder zwischen Veranstaltungen auch länger als wochenweise von Online-Kommunikation stärker ab als Vollzeitstudierende. Was aber interessant ist: das Werkzeug Slack wird von ihnen angenommen. Das ist nicht selbstverständlich, gibt es doch umfangreiche parallele Infrastrukturen – allen voran WhatsApp und Facebook, in denen die Studierenden ebenfalls zu fast 100% vertreten sind.

Bisher unkommentiert geblieben ist die Verwendung von zusätzlichen Apps im Rahmen von Slack, die ich weiter oben erwähnt hatte – bspw. zur Projektplanung oder zur Einbindung von Google Drive oder Google Docs. Im Beispiel der Abbildung 4 sind fast alle (8) der 10 Apps, die man in der Umsonst-Version der Software hinzufügen kann, ausgeschöpft, in den anderen Beispielen deutlich weniger (3 bzw. 2 von 10). Die Verwendung von Apps scheint, anders als im Unternehmen, für den Einsatz in der Hochschule weniger wichtig zu sein – das war einer der Gründe, warum ich von Slack auf GroupMe wechselte.

b) Nutzerumfrage

Die vorgestellten und oberflächlich analysierten Daten sind im Grunde interessant genug, um weitere Analysen und Interpretationsversuche zu begründen. Da ich aber die Studierenden wenigstens zum Teil noch erreichen konnte, habe ich aus Anlass dieses Vortrags noch eine kleine Umfrage unternommen. In der Abbildung 7 sind die vier Fragen aufgeführt, die ich den Studierenden gestellt habe – die Befragung wurde bewusst sehr einfach gehalten, um die Rücklaufquote zu erhöhen und weil ich lediglich daran interessiert war, Trends kennenzulernen bzw. das, was ich bereits im Unterricht hier und da gehört hatte, zu bestätigen.

Die vorläufigen Ergebnisse möchte ich hier ebenfalls kurz vorstellen. Befragt wurden insgesamt 189 ehemalige Kursteilnehmer, die die Möglichkeit hatten, an Slack teilzunehmen (zwischen aktiven Teilnehmern und Verweigerern wurde nicht unterschieden). Die Rücklaufquote betrug 19%[5].

- Bei der Nutzung wurde der Informationsaustausch mit Kommilitonen und mit dem Professor hervorgehoben.
- Besonders gefiel den Teilnehmern der Umfrage die Schnelligkeit der Kommunikation, die einfache Bedienbarkeit, das gute Design und die Tatsache, dass alle mitlesen konnten.
- Wenig gefiel den Teilnehmern, dass mit Slack eine weitere Plattform benutzt werden musste und dass alte Inhalte schwer zu finden seien.
- Die Teilnehmenden fanden im Übrigen, dass Slack zur Organisation des Studiums (!) und für die Organisation von Projekten nützlich sei.

Einige dieser Punkte – die Eignung von Slack für den schnellen Austausch, für Projektmanagement und die Nicht-Eignung als Dokumentenablage – hatte ich bereits erwähnt. Der letzte Punkt stützt insbesondere meine Ausgangsthese, dass die Infrastruktur der Hochschule für die Kommunikation und Kollaboration, die von Studierenden verlangt wird bzw. die sie sich auch wünschen.

---

[5] Damit ist die Rücklaufquote durchaus wettbewerbsfähig. Zum Vergleich: die Rücklaufquoten der zur Erstellung des CHE-Ranking verwendeten Fragebögen sind von derselben Größenordnung bzw. häufig geringer (CHE Ranking, 2018).

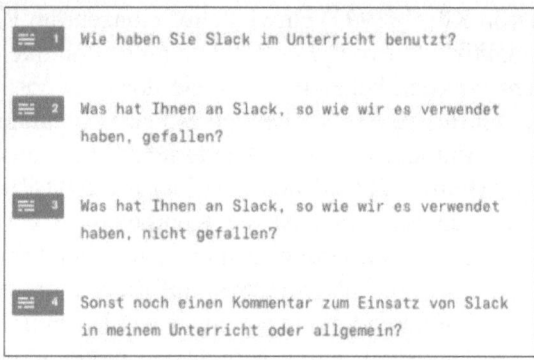

Abb. 7: Feedback-Formular für Slack-Nutzer.

Weder die Zahlen noch die Umfrageergebnisse sagen etwas aus über den zweiten Teil meines vollmundigen Untertitels – nämlich den Einfluss der Messenger-App auf die Kollaboration zwischen Studierenden. Außer der kleinen Umfrage im nächsten Abschnitt habe ich hier nur indirekte Ergebnisse anzubieten: die Qualität studentischer Projekte hat, seit ich Slack verwende, im Schnitt deutlich zugenommen. Das hängt u.a. daran, dass ich jetzt viel besser über den Status der Projekte Bescheid weiß und daran, dass viele (aber bei weitem nicht alle) Teams Slack als Projektmanagement-Werkzeug benutzen – das war der ursprüngliche Grund für die Entwicklung von Slack.

6 Anwendungen – was kann man mit diesen Ergebnissen anfangen?

a) Theorie

Es gibt verschiedene Möglichkeiten, diese anfänglichen Überlegungen weiterzuspinnen und zu systematisieren. Einige Details werde ich in einer Folgepublikation veröffentlichen (Birkenkrahe, 2019). Hier gebe ich nur einige Anknüpfungspunkte.

Man kann Slack (und funktional vergleichbare Messenger-Apps) unter systemtheoretischen Gesichtspunkten provisorisch-programmatisch als „Drift-Zone" bezeichnen, in denen mit Hilfe der Morpheme (7E) gelernt und gelehrt wird.

103

Die Drift-Zone ist ein von Kösel (1997) entwickeltes Konzept im Rahmen seiner „subjektiven Didaktik". Obwohl dieser Name unter Praktikern (d.h. Hochschullehrern) nicht wirklich bekannt ist, ist sie doch als postmodernes Konzept ungeheuer einflussreich. Wir kennen es häufig unter anderem Namen – bspw. ist etwas Ähnliches in der Erwachsenenbildung unter dem Namen „Berner Modell" (Furrer, 2009) oder „Berliner Modell" (Heimann et al, 1979) bekannt. Diesen Modellen ist die Kompetenz- (bzw. beim Berner Modell die Lernziel-)orientierung gemeinsam. Gleichzeitig ist Unterricht nicht mehr wie gewohnt planbar, weil auf die subjektiven Bedürfnisse jedes einzelnen Studierenden eingegangen werden muss. Kösel fordert insbesondere, den Unterricht durch gemeinsam modellierte Lernwelten zu ersetzen.

Der Begriff der Driftzone stammt eigentlich aus der Biologie (Maturana und Varela, 1987). Angewendet auf die Lernsituation ist eine Driftzone ein Interaktionsraum, in dem sich Lehrende und Lernende begegnen. Der Informationsaustausch wird dabei strukturell durch Morpheme, Bausteine des Wissens vermittelt.

b) Praxis

Wenn man den Theoretikern nicht in die Gefilde der „Drift-Zone" folgen mag, bleiben noch die praktischen Konsequenzen des Gezeigten. Hierzu gehört eine Demonstration der, bzw. einiger Einsatzmöglichkeiten von Werkzeugen wie Slack oder GroupMe. Ein niedrigschwelliger Einsatz ist denkbar – die Administration der Werkzeuge ist denkbar einfach und Slack kann als Option hinzugenommen werden. Meiner Erfahrung nach führt das bereits kurzfristig zu einer Annäherung von Lernenden und Lehrenden[6].

---

6 In der Diskussion nach dem Vortrag gab es hierzu eine interessante Wortmeldung, die mich zum Denken anregte: nämlich in Bezug auf den Distanzverlust, der folgt, wenn man mit den Studierenden außerhalb der Veranstaltung Informationen austauscht – aber besonders, wenn es sich – über das Morphem „Erbauung" – um private Informationen handelt. Man muss sich über das Risiko eines solchen Distanzverlusts bewusst sein, bzw. entsprechende kommunikative Disziplin üben, um nicht didaktische Störquellen zu erzeugen.

Eine weitere praktische Konsequenz geht in Richtung Hochschulinfrastruktur: während Lernmanagement-Systeme wie Moodle mittlerweile zur Standardausstattung deutscher Hochschulen gehören, ist dies für Werkzeuge wie Slack nicht der Fall. Sie werden, wie die App WhatsApp, als private Mittel wahrgenommen. Die Frage ist, ob das gerechtfertigt ist. Im Interesse des Datenschutzes könnte bspw. eine solche Anwendung auch hochschulintern aufgesetzt werden und dadurch allen, nicht nur den interessierten Studierenden, zugutekommen.

7 Zusammenfassung

Die vorläufigen Ergebnisse unterstützen meine Vermutung, dass real-time Messenger-Apps, insbesondere Slack, die Kommunikation und Kollaboration in der Lehre verbessern können.

Die Benutzung dieser Apps ist besonders bei Teilzeit-Studiengängen besonders ausgeprägt. Hier wird Slack zur Organisation als vollwertige, wichtige Ergänzung zur vorhandenen Infrastruktur der Hochschule wahrgenommen und genutzt.

Der Chat-Raum, der bei Slack verwendet wird, lässt sich im Sinne der Systemtheorie und der subjektiven Didaktik modellhaft als „Drift-Zone" interpretieren. Die dort gängigen Textbausteine lassen sich strukturell als Morpheme deuten.

Die Literatur, die sich spezifisch Slack oder Messenger-Apps in der Lehre widmet, ist noch äußerst überschaubar – viele Fragen sind zurzeit noch offen. Es besteht aber kein Zweifel, dass Slack & Co zu den für den E-Learning-Mix an Hochschulen relevanten Werkzeugen der Zukunft gehören.

Literatur

Ali A & Kohun F (2006). *Dealing with isolation feelings in IS doctoral programs*. International Journal of Doctoral Studies 1.

Birkenkrahe M (2011*)*. *E-Learning & Weiterbildungs-Tools – und was sonst noch hinter Blended Learning steckt*. Vortrag beim 22. Glienicker Gespräch, Berlin: Nomos.

Birkenkrahe M, Patel S, Quade S (2013). *Innovative Uses of Collaborative Platforms and Social Media Tools*. International Journal of Knowledge, Innovation and the Enterprise, 1 (1-2) 143-165.

Birkenkrahe M (2015). *Building Graduate-Level, Gamified xMOOCs In Moodle*. Proceedings of EADTU – The Online, Open and Flexible Higher Education Conference, Hagen 29-30 October 2015, 57-73.

Birkenkrahe M, Kjellin H (2015). *Improving Student Interaction and Engagement In The Flipped Classroom*. Proceedings of the 14th European Conference on e-Learning ECEL-2015 Hatfield, UK, eds. Jefferies, A. and Cubric, M. University of Hertfordshire, Hatfield, UK, 29-30 October 2015, pp. 73-79. ISBN: 978-1-910810-70-5.

Birkenkrahe, M (2019). *Playpals On A Digital Fault Line Or Participants Missing In Action? – How The Use Of Real-Time Messenger Apps Changes The Dynamics In The Classroom*. Digitalkultur, Bd. 10 der Schriftenreihe des Instituts für Entrepreneurship, Mittelstand und Familienunternehmen der HWR Berlin. *[in Vorbereitung]*.

Borgman C L, Scharnhorst A & Golshan M S (2018). *Digital Data Archives as Knowledge Infrastructures: Mediating Data Sharing and Reuse*. Preprint, arXiv.

Bressem C, Tomenendal M & Heuermann R (2018). *Digitalisierung In Bund, Ländern Und Gemeinden: IT-Organisation, Management Und Empfehlungen*. Berlin: Springer.

CERN (2018). *CMS Collaboration*. Online: cms.cern.

CHE Ranking (2018). *Fragebogenrücklauf der Studierendenbefragung pro Fach* [Wiki]. Online: che-ranking.de.

Farghaly S (2018). *The Impact of WhatsApp on Students Achievement and Motivation in the Area of Writing*. Thesis Eman Abdulrahman Bin Faisial University, DOI: 10.13140/RG.2.2.20442.64969.

Furrer H (2009). *Das Berner Modell – ein Instrument für eine kompetenzorientierte Didaktik*. Bern: hep-Verlag.

Galegane G (2015). *A study of student-lecturer interaction in communication and study skills classes at the University of Botswana*. Dissertation, University of York.

Heidegger M (1953). *Die Frage nach der Technik*. Gesamtausgabe, Bd 7, Vorträge und Aufsätze, Frankfurt am Main 1976.

Holgate S A (20 July 2012). *How to Collaborate* [Blog]. Online: sciencemag.org.

Jacobs S P (29 October 2015). *How E-Mail Killer Slack Will Change the Future of Work.* [Blog]. Online: time.com.

Khoza S B (2015). *Can Turnitin come to the rescue: From teachers' reflections?* South African Journal of Education, 35(4) 1-9.

Klewes J, Popp D & Rosthein M (2017). *Out-thinking Organizational Communications: The Impact of Digital Transformation.* Switzerland: Springer.

Kösel E (1993). *Die Modellierung von Lernwelten.* Eltztal-Dallau: Laub.

Koetsier J (15 August 2013). *Flickr founder Stewart Butterfield's new Slack signed up 8,000 companies in 24 hours.* Online: VentureBeat.com.

Li H & Sheng X (2017). *A Study on the Garden Path Phenomenon from the Perspective of Generative Grammar.* Journal of Language Teaching and Research 8(6).

Macdonald S (2018). *Online Discussion Forums.* Graduate Student Instructor Teaching & Resource Center, University of Berkeley Graduate Division.

Marheineke M, Velamuri V K & Möslein K M (2016). *On the importance of boundary objects for virtual collaboration: a review of the literature.* Technology Analysis & Strategic Management, 28(9), 1108-1122. DOI:10.1080/09537325.2016.1181744.

Mathieson S A (2018). *Chatbots Demonstrate Diverse Range of Uses.* Computer Weekly, 21-25.

Maturana H R, Varela F J (1987). *Der Baum der Erkenntnis. Die biologischen Wurzeln des Erkennens.* München: Goldmann.

Minalla A A (2018). *The Effect of WhatsApp Chat Group in Enhancing EFL Learners' Verbal Interaction outside Classroom Contexts.* English Language Teaching, 11(3), 1-7.

Panzironi, M (30 April 2016). *Animated GIFs And Fair Use: What Is And Isn't Legal, According To Copyright Law* [Blog]. Online: forbes.com.

Rangarajan N, Shields, P M (2018). *Encouraging Creativity in Applied Research Design.* Public Administration Theory Network conference, June 2018. DOI:10.13140/RG.2.2.27307.13607.

Ruppert B, & Green D A (2012). *Practicing What We Teach: Credibility and Alignment in the Business Communication Classroom.* Business Communication Quarterly, 75(1), 29-44. DOI:10.1177/1080569911426475.

Stackman R W (2018). Away *From Abilene and Toward a Community of Practice Ecosystem: Developmental Peer Reviews Realized.* Journal Of Management Inquiry, 27(2), 169-175. DOI:10.1177/1056492617726274.

Verne J (1996). *Paris im 20. Jahrhundert.* Wien: Paul Zsolnay Verlag.

> ➢ Zum Autor: *Prof. Dr. Marcus Birkenkrahe* ist Professor für Wirtschaftsinformatik an der Hochschule für Wirtschaft und Recht Berlin, seit 2008 zugleich der Beauftragte des Präsidenten für E-Learning. Zu seinen Forschungsinteressen zählen MOOCs, Gamification und Social Media in der Lehre.

Hochschule und Soziale Medien – Was ist erlaubt?

Ralf Imhof

Ostfalia Hochschule für Angewandte Wissenschaften

A Einleitung

Die sozialen Medien wie Facebook und Twitter haben sich auch in der Hochschulkommunikation durchgesetzt. Es gibt kaum eine Hochschule, die nicht über diese Medien mit Studierenden oder anderen Interessierten kommuniziert. Sogar einzelne Fakultäten und Institute betreiben entsprechende Präsenzen.

Dabei wird kaum hinterfragt, ob solche Auftritte zulässig sind, obgleich vieles Anlass dazu gibt. Die aufgeworfenen Rechtsfragen sind dabei zum Teil nicht einmal hochschulspezifisch, sondern allgemeiner Natur und waren auch schon Gegenstand von Rechtsstreitigkeiten. Neben den allgemein diskutierten Themen des Daten- und des Urheberrechtsschutzes sowie des Äußerungsrechts stellt sich beispielsweise auch die Frage danach, ob es überhaupt Aufgabe von Hochschulen ist, die genannten Kommunikationskanäle zu betreiben und damit zugleich rechtlich zumindest fragwürdige, wenn nicht gar rechtswidrige Geschäftsmodelle privatwirtschaftlicher Unternehmen zu fördern.

In diesem kurzen Beitrag soll auf diese Fragestellungen eingegangen werden, um einen Überblick zu geben, ob und wie Hochschulen über soziale Medien kommunizieren dürfen.

B Zulässigkeit

Angesichts der verbreiteten Präsenz der Hochschulen auf Plattformen wie Facebook und Twitter scheint die Zulässigkeit solcher Auftritte offenkundig zu sein. Aber auch hier gilt, dass die rechtliche Zulässigkeit sich nicht aus dem Tatsächlichen ergibt. Vielmehr muss das Handeln der Hochschulen in Übereinstimmung mit der Rechtsordnung stehen. Wie alle öffentlichen Institutionen werden auch Hochschulen durch die Abgaben der Bürger und Unternehmen finanziert und bedürfen für die Investitionen in bestimmte Kommunikationskanäle einer Rechtfertigung.

Eine solche Rechtfertigung kann darin begründet sein, dass es zu den Aufgaben der Hochschule gehört, insbesondere auch mit Personen, die keine Hochschulangehörigen sind, in Kontakt zu treten. Wenn das zulässig sein sollte, dürfte das Medium nur von untergeordneter Bedeutung sein, der Hochschule also auch so genannte soziale Medien wie insbesondere Facebook und Twitter[1] offen stehen.

Welche Aufgaben die Hochschulen zu erfüllen haben, legen die jeweiligen Hochschulgesetze der Länder fest. Besondere Regelungen zur Nutzung sozialer Medien gibt es hierbei nicht. Es finden sich lediglich sehr allgemeine Regelungen zur Öffentlichkeitsarbeit. So wird den Hochschulen in einigen Hochschulgesetzen die Information der Öffentlichkeit über die Erfüllung ihrer Aufgaben gestattet oder sogar auferlegt.[2]

Im niedersächsischen Hochschulgesetz findet sich eine solche Vorschrift in § 3 Nr. 10 NHG. Danach ist eine Aufgabe der Hochschule die Unterrichtung der Öffentlichkeit über die Erfüllung ihrer Aufgaben. Es wird angenommen, dass dies im Sinne einer umfassenden Informationsverpflichtung zu verstehen ist.[3] In § 4 Abs. 6 des Berliner Hochschulgesetzes heißt es eingeschränkter: „Die Hochschulen regen durch ihre Öffentlichkeitsarbeit insbesondere in an der jeweiligen Hochschule unterrepräsentierten Bevölkerungsgruppen die Aufnahme eines Studiums an." Nach dem Wortlaut wäre nicht jede Information zulässig, sondern nur eine solche, die zur Aufnahme eines Studiums anregt.

Zu den nutzbaren Kommunikationskanälen ergibt sich hieraus nichts. Selbstverständlich ist, dass jedes geeignete Medium in Betracht zu ziehen ist. Genauso selbstverständlich ist, dass die Nutzung des Mediums in rechtskonformer Weise erfolgen muss.

Da auch die grundrechtlich geschützten Positionen der Hochschulen zu berücksichtigen sind,[4] steht ohne eine ausdrückliche Beschränkung der

---

1 Dazu Engeler, Der staatliche Twitter-Auftritt, MMR 2017, 651.

2 Vgl. § 3 Abs. 3 S. 1 KunstHG NRW; § 4 Abs. 9 BremHG, § 3 Abs. 10 S. 1 HSG LSA, § 5 Abs. 13 ThürHG.

3 BeckOK HochschulR Nds/Pautsch, 7. Ed. 1.3.2018, NHG § 3 Rn. 30.

4 BeckOK HochschulR Nds/Pautsch, 7. Ed. 1.3.2018, NHG § 3 Rn. 29.

Kommunikationsinhalte oder -mittel einer im Übrigen rechtmäßigen Nutzung sozialer Medien nichts im Wege. Nur so kann dem Recht aus Art. 5 Abs. 3 GG zur akademischen Selbstverwaltung der Hochschulen Rechnung getragen werden.

I Pflicht zur Gleichbehandlung von Anbietern

Ist damit geklärt, dass eine Kommunikation über soziale Medien zulässig ist, stellt sich im Weiteren die Frage, ob sich aus der grundgesetzlichen Verpflichtung des Staates zur Gleichbehandlung von Unternehmen ein Verbot ergibt, bestimmte Anbieter einseitig zu bevorzugen. Zwar gibt es neben – insbesondere – Facebook und Twitter noch andere Kommunikationsplattformen. Diese bleiben aber in ihrer Verbreitung und damit in der Effizienz ihrer Nutzung weit hinter den Marktführern zurück. Da eine förmliche Vergabe nicht vorgeschrieben ist, steht somit auch unter diesem Gesichtspunkt einer Nutzung der genannten Anbieter nichts im Wege.

Anders dürfte dies bei einer Nutzung von Plattformen wie Xing oder LinkedIn sein, die als privatwirtschaftliche Unternehmen miteinander im Wettbewerb stehen und die prinzipiell gegeneinander austauschbar sind. Sollte es im Einzelfall keine durchschlagenden Argumente für das eine oder andere Angebot geben, wäre die Bevorzugung eines Anbieters unter dem Gesichtspunkt der Gleichbehandlung problematisch.

II Keine Förderung rechtswidriger Aktivitäten

In engem Zusammenhang mit der zuvor behandelten Problematik der Gleichbehandlung von Unternehmen steht die Frage, ob der Staat ein Unternehmen unterstützen darf, dessen Geschäftsmodell zwar nicht per se rechtswidrig ist, aber in der Art und Weise der Verfolgung der Geschäftszwecke rechtswidrig agiert. Relevant wird dies vor allem mit Blick auf den Datenschutz, dessen Nichtbeachtung durch Anbieter sozialer Medien bereits verschiedentlich Gegenstand von Gerichtsverfahren und behördlichen Maßnahmen war.

Soweit das Vergaberecht betroffen war, galt nach § 97 Abs. 4 S. 1 GWB aF bis 2016, dass öffentliche Aufträge nur an gesetzestreue Unternehmen vergeben werden durften. Im Zuge der EU-rechtlichen Harmonisierung wurden diese Anforderungen jedoch aufgegeben. Außerhalb des Vergaberechts lässt sich jedoch unter dem Aspekt des Rechtsstaatsprinzips weiterhin argumentieren, dass die Beteiligung einer staatlichen Institution an einem, jedenfalls nachhaltig, rechtswidrigen Geschäftsmodell zumindest bedenklich ist. Die Rechtsordnung billigt keine Geschäftsmodelle, die auf einer Verletzung von Rechten Dritter gründen.[5] In der Folge dürfen auch staatliche Institutionen solche Geschäftsmodelle nicht billigen und sich daran beteiligen.

Weder Facebook noch Twitter oder Xing und LinkedIn verfolgen per se rechtswidrige Geschäftsmodelle. Facebook jedoch ist immer wieder vorgeworfen worden, die Daten seiner Nutzer nicht in Einklang mit den datenschutzrechtlichen Bestimmungen verarbeitet zu haben.[6] Dies betrifft insbesondere die Trekking-Funktion des Like-Buttons sowie die Verarbeitung von Daten außerhalb der Europäischen Union und des EWR.[7]

Gerade der Einsatz des Like-Buttons [👍], der wegen seiner Bedeutung für das Geschäftsmodell zum Synonym für Facebook geworden ist, soll mit den datenschutzrechtlichen Vorgaben nicht vereinbar[8] und in der Folge auch wettbewerbsrechtlich unzulässig sein.[9] Die Bedenken richten sich vor allem gegen die Möglichkeit der Nachverfolgung auch von Nutzern, die den Button selbst nicht angeklickt haben und die auch keine Facebook-Mitglieder sind.[10] Das baden-württembergische Ministerium für Kultus, Jugend und Sport hatte dementsprechend bereits 2013 die dienstliche Nutzung sozialer Medien durch Schulen sowie die Installation des

---

5 BGH, Urt. v. 15.1.2009 - I ZR 57/07 – Rn. 33, MMR 2009, 625.

6 Vgl. LG Berlin, Urt. v. 16.1.2018 – 16 O 341/15, MMR 2018, 328; KG, Urt. v. 22.9.2017 – 5 U 155/14, ZD 2018, 118.

7 Vgl. EuGH, Urt. v. 6.10.2015 - C-362/14 Maximilian Schrems / Data Protection Commissioner, MMR 2015, 753.

8 Föhlisch/Pilous: Der Facebook Like-Button – datenschutzkonform nutzbar? - Analyse und Risikoeinschätzung des „Gefällt mir"-Buttons auf Webseiten, MMR 2015, 631; s.a. OLG Düsseldorf, Beschluss vom 19.1.2017 – I-20 U 40/16, MMR 2017, 254.

9 LG Düsseldorf, Urt. v. 9.3.2016 - 12 O 151/15, MMR 2016, 328.

10 Dazu OLG Düsseldorf, Beschl. v. 19.1.2017 – I-20 U 40/16, ZD 2017, 334.

Like-Buttons untersagt.[11] Eine reine Selbstdarstellung der Schulen wurde jedoch gestattet.

Das Bundeskartellamt teilte in einer Erklärung am 19.12.2017 mit, dass Facebook nach vorläufiger Einschätzung unter Ausnutzung einer marktbeherrschenden Stellung missbräuchlich Nutzerdaten aus Drittquellen außerhalb des sozialen Netzwerks sammele und verwerte.[12] Die Behörde begründet den Verdacht auf missbräuchliches Handeln damit, dass Facebook als marktbeherrschender Anbieter die Nutzung des sozialen Netzwerks davon abhängig mache, unbegrenzt jegliche Art von Nutzerdaten aus Drittquellen sammeln und mit dem Facebook-Konto zusammenführen zu dürfen. Zu diesen Drittquellen zählten neben konzerneigenen Diensten wie WhatsApp oder Instagram auch Webseiten und Apps anderer Betreiber, auf die Facebook über Schnittstellen, wie etwa den Like-Button zugreifen könne. Kartellrechtlich problematisch seien diese Verstöße gegen das Datenschutzrecht, weil es für die Nutzer der Facebook-Angebote keine zumutbare Alternative gebe.

Insgesamt spricht diese Situation für ein kritisches Hinterfragen der Nutzung des Facebook-Angebots, da es erheblichen rechtlichen Bedenken ausgesetzt ist. Das betrifft insbesondere die komplexe datenschutzrechtliche Situation.

C Datenschutz

Da der Datenschutz ein zentraler Kritikpunkt überhaupt der Kommunikation über das Internet ist, sollen im Folgenden die datenschutzrechtlichen Aspekte der sozialen Medien in der gebotenen Kürze betrachtet werden.

Ziel des Datenschutzes ist es, dem einzelnen zu ermöglichen, selbstbestimmt darüber zu entscheiden, wer, welche Daten, zu welchem Zweck und wie lange verarbeitet. Dieses informationelle Selbstbestimmungsrecht

---

11 http://www.lmz-bw.de/fileadmin/user_upload/Medienbildung_MCO/ fileadmin/bibliothek/kultusministerium_socialmedia/kultusministerium_ socialmedia.pdf (zuletzt aufgerufen am 20. Juli 2018)

12 https://www.bundeskartellamt.de/SharedDocs/Meldung/DE/ Pressemitteilungen/2017/ 19_12_2017_Facebook.html (zuletzt aufgerufen am 20. Juli 2018)

ist ein aus der Menschenwürde und dem Recht auf die freie Entfaltung der Persönlichkeit abgeleitetes Grundrecht.[13] Wegen der Bedeutung des Datenschutzes hat der Gesetzgeber das informationelle Selbstbestimmungsrecht nicht nur als Abwehrrecht gegen staatliche Eingriffe ausgestaltet, sondern generell zur Beachtung durch jeden, der Daten verarbeitet, gestellt. Inzwischen ist der Datenschutz EU-weit durch die Datenschutz-Grundverordnung (DS-GVO) weitgehend harmonisiert.

Nach der DS-GVO bedarf jeder, der Daten verarbeitet, einer gesetzlichen Gestattung oder der Einwilligung desjenigen, dessen Daten verarbeitet werden. Das gilt auch für die Informationen, die auf sogenannten Fanpages bei Facebook oder über andere Kanäle, wie beispielsweise Twitter, verbreitet werden. Das Datenschutzrecht erfasst alle Daten, die einer Person zuzuordnen sind. Ausreichend ist, wenn der Personenbezug auch nur mittelbar erfolgt. Nutzt jemand ein Pseudonym, kennt aber der Anbieter den Namen der Person oder lässt sich dieser, z.B. über das Internet, wenn auch mit Aufwand, recherchieren, liegt ein personenbezogenes Datum vor. Ausreichend ist bereits, wenn es rechtliche Möglichkeiten gibt, im Wege eines Auskunftsanspruchs oder mittels behördlicher Hilfe, die betroffene Person zu identifizieren.[14]

I Verantwortlicher

Die Verarbeitung personenbezogener Daten belastet den hierfür Verantwortlichen mit der Beachtung der Datenschutzbestimmungen. Für Hochschulen nahm die bisher vorherrschende Ansicht den Standpunkt ein, dass allein der Betreiber der Kommunikationsplattform, also etwa Facebook, datenschutzrechtlich verantwortlich sei, weil die Hochschulen selbst keinen Zugriff auf die Daten hätten.[15] Danach wären die Hochschulen nicht im Fokus des Datenschutzes. Diese Auffassung muss nach einer Entscheidung des EuGH neu überdacht werden.

---

13 BVerfG, Urt. v. 15. 12. 1983 – 1 BvR 209/83, NJW 1984, 419.

14 EuGH, Urt. v. 19.10.2016 – C-582/14 – Breyer Rn. 47, MMR 2016, 842; BGH, Urt. v. 16.5.2017 – VI ZR 135/13 Rn. 26, MMR 2017, 605.

15 OVG Schleswig, Urt. v. 4.9.2014 - 4 LB 20/13, ZD 2014, 643; s. auch den Vorlagebeschluss BVerwG, Beschl. v. 25.2.2016 - 1 C 28.14 – Rn. 23 ff., ZD 2016, 393.

Der EuGH hat auf Vorlage des Bundesverwaltungsgerichts entschieden, dass die Datenschutzrichtlinie so auszulegen ist, dass auch derjenige, der auf Facebook eine Fanpage betreibt, datenschutzrechtlich verantwortlich ist. Die Verantwortlichkeit trifft ihn dabei nicht allein, sondern gemeinsam mit Facebook. Der EuGH hat ausgeführt, wenn ein Betreiber einer Fanpage die von Facebook eingerichtete Plattform nutze, um die dazugehörigen Dienstleistungen in Anspruch zu nehmen, sei er auch verpflichtet, den Schutz personenbezogener Daten zu beachten.[16]

Die vom EuGH zur bisherigen Datenschutz-Richtlinie angenommene gemeinsame Verantwortlichkeit von Facebook und dem Betreiber der Fanpage fand bisher keine Entsprechung im deutschen Datenschutzrecht. Damit fehlen ausgearbeitete Grundlagen für die Umsetzung einer solchen gemeinsamen Verantwortung.

In der Datenschutz-Grundverordnung ist die gemeinsame Verantwortlichkeit nunmehr auch für Deutschland verbindlich in Art. 26 behandelt. Nach dieser Bestimmung müssen die Verantwortlichen, beispielsweise die Hochschule und Facebook, in einer Vereinbarung in transparenter Form festlegen, wer von ihnen welche datenschutzrechtliche Verpflichtung erfüllt, insbesondere was die Wahrnehmung der Rechte der betroffenen Person angeht, und wer welchen Informationspflichten nachkommt. Als Verantwortlicher muss die Hochschule auch in der Lage sein, Auskünfte über die Verarbeitung der Daten, insbesondere die Weitergabe an Dritte, zu geben.

Aktuell können diese Anforderungen durch die Hochschule nicht erfüllt werden, weil sie hierzu der Mitwirkung durch Facebook bedarf. Das gilt insbesondere für die mit dem Like-Button verbundene Tracking-Funktion. Nach Auffassung der Landesdatenschutzbeauftragten bedarf ein solches Tracking der Einwilligung der Nutzer.[17] Können die Hochschulen, so wie derzeit, diese Einwilligung schon technisch nicht einholen, muss jedenfalls auf den Like-Button verzichtet werden.

---

16 EuGH, Urt. vom 05.06.2018 - Rs C-210/16 (BVerwG), BB 2018, 1480.

17 S. hierzu die Entschließung der DSK: https://www.datenschutzzentrum.de/uploads/facebook/2018-06-05-Entschliessung-DSK-Fanpages-EuGH-Urteil.pdf (zuletzt aufgerufen am 20. Juli 2018).

II Haftung

Die Verantwortlichkeit für die Beachtung der datenschutzrechtlichen Anforderungen trifft beide Parteien mit der Folge, dass sie bei Vorliegen der Voraussetzungen für Verstöße jeder für sich und gegenüber dem Betroffenen gesamtschuldnerisch haften. Der in seinen Rechten Verletzte kann Unterlassung der rechtswidrigen Datenverarbeitung und Schadensersatz verlangen.

Unterlassungsansprüche kommen immer in Betracht, wenn Daten unrechtmäßig verarbeitet werden. Ein Verschulden ist nicht erforderlich. Da die Hochschule selbst kaum Möglichkeiten hat, auf die Datenverarbeitung Einfluss zu nehmen, wenn Daten durch Dritte via Facebook oder Twitter eingestellt oder durch Facebook Dritten zugänglich gemacht werden, muss sie eine Vereinbarung mit z.B. Facebook treffen. Facebook muss sich gegenüber der Hochschule verpflichten, rechtswidrige Inhalte zu korrigieren bzw. zu löschen. Typische Folge der Geltendmachung eines Unterlassungsanspruchs ist die Verpflichtung zur Übernahme der Kosten der Rechtsverfolgung, also insbesondere der Kosten der beteiligten Rechtsanwälte, und die Verpflichtung zur Zahlung einer Vertragsstrafe im Wiederholungsfall.

Nach Art. 82 Abs. 1 DS-GVO haftet der Verantwortliche bei Verschulden auch auf Schadensersatz. Neben der Beeinträchtigung des Vermögens, die in der Praxis jedoch kaum vorkommen oder jedenfalls schwer beweisbar sein wird, ist der Verantwortliche auch verpflichtet, einen sogenannten immateriellen Schaden, letztlich also ein Schmerzensgeld, zu ersetzen. Ein solches Schmerzensgeld war bisher im Bundesdatenschutzgesetz nicht vorgesehen, weswegen die Gerichte in den nächsten Jahren erst noch Regeln zu dessen Bemessung entwickeln müssen.[18]

III Fotografien als personenbezogene Daten

Als Betreiber einer Fanpage hat die Hochschule letztlich vor allem darauf zu achten, dass die Informationen, die sie selbst einstellt, zutreffend sind

---

18 Dazu Dickmann, Nach dem Datenabfluss: Schadenersatz nach Art. 82 der Datenschutz-Grundverordnung und die Rechte des Betroffenen an seinen personenbezogenen Daten, r+s 2018, 345.

und eine Gestattung zu deren Verwendung besteht. Problematisch kann dies in der Praxis vor allem dann sein, wenn Fotografien verwendet werden.

Vor Inkrafttreten der DS-GVO richtete sich die Zulässigkeit der Verwendung von Fotografien, auf denen Personen abgebildet sind, vor allem nach dem Kunsturhebergesetz (KUG). Dort ist das Recht am eigenen Bild geregelt, das die Weitergabe oder die Veröffentlichung von Bildnissen behandelt. Unter der DS-GVO beinhalten Fotos personenbezogene Angaben, sofern die abgelichteten Personen[19] erkennbar sind. Das war unter der Geltung des Bundesdatenschutzgesetzes zwar auch schon so. Allerdings waren weder das KUG noch das BDSG vorrangig zu beachten, da beide als nationale Gesetze auf einer Hierarchieebene standen. Mit der DS-GVO hat sich diese hierarchische Folge geändert.

Das Verhältnis zwischen dem weiter bestehenden KUG und der DS-GVO ist jedoch noch nicht hinreichend geklärt. Da die DS-GVO als EU-Norm hierarchisch über dem nationalen KUG steht, dürften jedenfalls im Anwendungsbereich der DS-GVO deren Regelungen vorrangig gelten.[20]

Der Anwendungsbereich der DS-GVO ist dann eröffnet, wenn die Daten elektronisch verarbeitet werden,[21] was im Bereich der sozialen Medien stets der Fall ist. Personenbezogen sind die Daten bei Bildnissen nicht erst dann, wenn eine Person porträtiert wird, sondern bereits dann, wenn eine Person so abgebildet wird, dass sie erkennbar ist. Damit werden jegliche fotografische Perspektiven erfasst, solange eine Identifikation der Person möglich ist.

Nach den §§ 23 f. KUG Kunsturhebergesetz ist die Verwendung eines Bildnisses über das Internet dann zulässig, wenn die Person eingewilligt hat, sie lediglich „Beiwerk" ist, ein mediales Interesse an der Verwendung des Bildnisses besteht oder das Bild auf einer öffentlichen Versammlung aufgenommen wurde.

---

19 In der Diktion des KUG das „Bildnis".

20 S. hierzu Lauber-Rönsberg/Hartlaub: Personenbildnisse im Spannungsfeld zwischen Äußerungs- und Datenschutzrecht, NJW 2017, 1057.

21 Vgl. Paal/Pauly/Ernst, 2. Aufl. 2018, DS-GVO Art. 2 Rn. 5.

Datenschutzrechtlich kann die Verwendung des Fotos einer Person nach Art. 6 Abs. 1 lit. f DS-GVO dann gerechtfertigt sein, wenn die Verarbeitung zur Wahrung der berechtigten Interessen der Hochschule oder eines Dritten erforderlich ist, sofern nicht die Interessen oder Grundrechte und Grundfreiheiten der betroffenen Person, die den Schutz personenbezogener Daten erfordern, überwiegen, insbesondere dann, wenn es sich bei der betroffenen Person um ein Kind handelt. Dieser praktisch sehr wichtige Auffangtatbestand zur Verarbeitung personenbezogener Daten ist aus der Natur des datenschutzrechtlichen Regelungskonzeptes heraus notwendigerweise unbestimmt. Da datenschutzrechtlich alles verboten ist, was nicht erlaubt ist, musste sich der Gesetzgeber mit einer abstrakt-generellen Bestimmung behelfen.

Eine für die Praxis relevante Divergenz der §§ 22. ff. KUG und der DS-GVO, ist nicht zu erkennen. Wegen der in den Tatbestandsvoraussetzungen beider Regelwerke verwandten unbestimmten Rechtsbegriffe wird sich Genaueres erst anhand des Einzelfalls sagen lassen. In jedem Fall ist die Hochschule gut beraten, sich im Zweifel an der jeweils strengeren Norm zu orientieren.

Für Hochschulen ist im Rahmen der notwendigen Interessenabwägung wichtig, dass der datenschutzrechtlich Verantwortliche die juristische Person ist, also die Hochschule selbst, nicht einzelne Organisationseinheiten wie Fakultäten oder rechtlich unselbständige Institute. Berechtigte Interessen kann daher nur die Hochschule haben, wobei natürlich die genannten Organisationseinheiten als Bestandteile der Hochschule bei der Interessenfindung zu berücksichtigen sind.

Um sich nicht mit den Unsicherheiten der Interessenabwägung auseinandersetzen zu müssen, wird häufig der Weg über die Einwilligung der betroffenen Person in die Datenverarbeitung gewählt. Datenschutzrechtlich ist die – wirksame – Einwilligung die rechtssicherste Grundlage der Verarbeitung. Sie braucht nicht unbedingt schriftlich zu erfolgen,[22] muss aber z.B. das verwendete Foto sowie die Zwecke und Dauer der Verwendung und etwaige Weitergaben an Dritte transparent machen. Der Einwilligende muss erkennen können, was mit seinen Daten geschieht. Problematisch sind in diesem Zusammenhang Fotografien Minderjähriger, insbesondere

---

22 Eine schriftliche Einwilligung ist zu Nachweiszwecken aber ratsam.

von Kindern, die das 16. Lebensjahr noch nicht vollendet haben. Solche Fotografien bedürfen regelmäßig der Einwilligung der gesetzlichen Vertreter.[23] Keine Einwilligung liegt vor, wenn lediglich darauf hingewiesen wird, dass fotografiert wird und der Fotografierte nicht widerspricht. Der Wille des Fotografierten, einverstanden zu sein, muss erkennbar werden. Die Einwilligung muss zudem freiwillig erfolgen.

D Haftung im Übrigen

Auch außerhalb des Anwendungsbereiches der DS-GVO besteht die Gefahr einer Haftung der Hochschule als Betreiber einer Fanpage, eines Twitter-Accounts oder ähnlicher Medien. In erster Linie zu nennen sind hier Verstöße gegen das Urheberrecht sowie Verletzungen des allgemeinen Persönlichkeitsrechts durch Schmähkritik. Dabei ist zu unterscheiden zwischen der Haftung für eigenes Handeln und die Verantwortlichkeit für das Handeln Dritter, die so genannte Störerhaftung. Die Verantwortlichkeit betrifft abseits des Datenschutzes vor allem das Urheberrecht.

I Handelndenhaftung am Beispiel des Urheberrechts

Urheberrechtsverletzungen sind durch das Internet leichter zu verwirklichen als dies noch in der Ära der klassischen Medien möglich war, weil das Internet für alle zugänglich ist. Hinzu kommt, dass die urheberrechtlichen Anforderungen nur wenigen bekannt sind und selbst Fachleute auf dem Gebiet des Urheberrechts Schwierigkeiten haben, die Zulässigkeit einer Handlung sicher zu beurteilen.

a) Urheberrechtlich geschützte Inhalte

Urheberrechtlich geschützt sind mit Blick auf soziale Medien insbesondere Texte, Grafiken, Videos, Animationen und Fotografien. Die Verwendung urheberrechtlich geschützter Werke bedarf der Zustimmung des Rechtsinhabers, also des Urhebers selbst oder desjenigen, dem der Urheber die Verwertung ermöglicht hat. Alternativ genügt auch eine gesetzliche Freistellung vom Zustimmungserfordernis. Für soziale Medien ist hier

---

23 Es wird gerne übersehen, dass gesetzliche Vertreter von Minderjährigen nach dem gesetzlichen Normalfall beide Elternteile sind, § 1629 Abs. 1 S. 2 BGB. Die Einwilligung nur eines Elternteils genügt nicht.

insbesondere die Zitierfreiheit zu nennen. Die Privilegierung der Verwendung urheberrechtlich geschützter Werke in den §§ 60a ff. UrhG für Bildungseinrichtungen wie Hochschulen gelten nicht für die Kommunikation über soziale Medien, sondern nur für die Verwendung in der Lehre.[24]

aa) Fotografien und Videos

Bei der Verwendung von Fotografien ist in jedem Fall die Erlaubnis des Fotografen oder desjenigen, dem der Fotograf die Verwertung übertragen hat erforderlich. Dabei kommt es für den urheberrechtlichen Schutz nicht darauf an, ob das Foto in besonderer Weise gestaltet oder sonst wie künstlerisch gelungen ist. Jede Fotografie wird letztlich geschützt. Sollen Fotos bearbeitet werden, bedarf auch dies der Gestattung. Eine Bearbeitung liegt bereits vor, wenn nur ein Ausschnitt der Fotografie verwendet wird.[25] Die Erlaubnis ist zusätzlich zu der Berechtigung, die auf dem Foto abgebildeten Personen darzustellen, einzuholen. Auch wenn Gegenstände fotografiert werden, die selbst nicht (mehr) geschützt sind, genießt der Fotograf den urheberrechtlichen Schutz. Werden Gebäude fotografiert, ist die urheberrechtliche Position der Architekten zu beachten. Die Fotos dürfen nach § 59 UrhG ohne Zustimmung des Architekten nur von Standorten aufgenommen werden, die allgemein zugänglich sind. Die vorstehenden Ausführungen gelten entsprechend auch für Videos.

bb) Zitate

Bei längeren Abhandlungen ist denkbar, dass urheberrechtlich geschützte Werke im Rahmen der Zitierfreiheit nach § 51 UrhG ohne Zustimmung des Rechtsinhabers verwendet werden dürfen. Wann dies zulässig ist, muss jedoch in jedem Einzelfall entschieden werden. Die Nutzung des Zitats muss in ihrem Umfang durch den besonderen Zweck des Zitats gerechtfertigt sein. Das zitierte Werk, z.B. ein Foto, eine Grafik, ein Text o.ä., darf nicht lediglich schmückendes Beiwerk sein.[26]

---

24 Vgl. BeckOK UrhR/Grübler, 20. Ed. 20.4.2018, UrhG § 60a Rn. 5 -7.

25 Wandtke/Bullinger/Bullinger, 4. Aufl. 2014, UrhG § 23 Rn. 4.

26 LG Berlin, Urt. v. 16.03.2000 - 16 S 12/99, GRUR 2000, 797.

cc) Links

Urheberrechtlich relevant kann auch das Setzen von Links sein. So darf auf Videos, beispielsweise auf YouTube, nur verlinkt werden, wenn derjenige, der das Video hochgeladen hatte, hierzu berechtigt war. Wird beispielsweise auf ein Video, in dem über Hochschulaktivitäten berichtet wird verlinkt und wurde das Video aus einer Fernsehsendung mitgeschnitten und bei YouTube eingestellt, ist dies regelmäßig unzulässig, weil dadurch die Verwertungsrechte der Fernsehsender und der beteiligten Urheber verletzt werden.[27] Grundsätzlich fehlt ein allgemeines Recht, Ausschnitte aus Fernsehsendungen öffentlich zu machen. Eine Verlinkung auf ein rechtswidrig eingestelltes Video wäre ihrerseits ohne Gestattung als öffentliche Wiedergabe rechtswidrig.[28]

b) Zurechnung von Handlungen zur Hochschule

Nach allgemeinen Regeln muss die Hochschule jedenfalls für rechtswidriges Handeln ihrer Mitarbeiter und Beauftragten einstehen. Stellt also ein Mitarbeiter einen Inhalt rechtswidrig in die Fanpage ein oder twittert er rechtswidrig ein Bild oder einen Text, muss sich die Hochschule dies nach § 99 UrhG zurechnen lassen.

Für das rechtswidrige Handeln von Professoren als Beamte folgt die Einstandspflicht aus § 839 BGB. Verletzt ein Beamter vorsätzlich oder fahrlässig die ihm einem Dritten gegenüber obliegende Amtspflicht, so hat er dem Dritten den daraus entstehenden Schaden zu ersetzen. Dabei trifft die Verantwortlichkeit nach Art. 34 Satz 1 GG grundsätzlich den Staat oder die Körperschaft, in deren Diensten er steht. Zu den Amtspflichten bei der Wahrnehmung der hoheitlichen Tätigkeit gehört auch die Pflicht, sich aller Eingriffe in fremde Rechte zu enthalten, die eine unerlaubte Handlung i.S.d. bürgerlichen Rechts darstellen. Dazu zählen auch Eingriffe in die durch das Urheberrechtsgesetz geschützten Rechte. Ein Beamter, der in Ausübung seines öffentlichen Amts eine unerlaubte Handlung in die-

---

27 Vgl. OLG Hamburg, Urt. v. 29.9.2010 - 5 U 9/09, MMR 2011, 49; LG Leipzig, Urt. v. 19.5.2017 – 05 O 661/15, GRUR-RR 2018, 140.

28 BGH, Urt. v 21.9.2017 – I ZR 11/16 – Rn. 30 ff., GRUR 2018, 178.

sem Sinn begeht, verletzt dadurch zugleich eine ihm dem Träger des Rechts oder Rechtsguts gegenüber obliegende Amtspflicht.[29]

Inhalte, die von Studierenden in Medien eingestellt werden, ohne dass dem ein Auftrag oder eine Duldung seitens der Hochschule zu Grunde liegt, dürfen der Hochschule nicht zugerechnet werden.

Dem eigenen Handeln gleichgestellt ist aber der Fall, dass sich der Betreiber einer Internet-Präsenz fremde Inhalte zu eigen macht. Dann muss er für diese fremden Inhalte wie für eigene einstehen. Von einem Zu-Eigen-Machen ist dann auszugehen, wenn der Betreiber nach außen erkennbar die inhaltliche Verantwortung für die auf seiner Internetseite veröffentlichten Inhalte übernommen hat, was aus objektiver Sicht auf der Grundlage einer Gesamtbetrachtung aller relevanten Umstände zu beurteilen ist. Für ein Zu-Eigen-Machen spricht es, wenn der Betreiber der Internet-Seite – also beispielsweise die Hochschule – eine inhaltlich-redaktionelle Überprüfung der von den Nutzern eingestellten Inhalte auf Vollständigkeit und Richtigkeit vornimmt. Das ist mangels technischer Möglichkeiten jedenfalls bei Fanpages und Twitter zurzeit nicht möglich. Bei anderen Angeboten sollte aber eine solche enge redaktionelle Betreuung sorgfältig überlegt werden, um einer überobligatorischen Verantwortlichkeit zu entgehen.

Nach einer jüngeren Entscheidung des EuGH entfällt die Verantwortlichkeit für Links auf rechtswidrige Inhalte allerdings in dem Fall, dass der Link nicht zu kommerziellen Zwecken gesetzt wurde und der Linksetzende die urheberrechtliche Unzulässigkeit des Inhalts nicht kannte und vernünftigerweise auch nicht kennen konnte.[30] Eine kommerzielle Nutzung von Links fehlt bei Hochschulen regelmäßig. Allerdings verlangt die Rechtsprechung kumulativ, die Kenntnis bzw. Kenntnisnahmemöglichkeit, um die Rechtswidrigkeit der Verlinkung entfallen zu lassen.

---

29 BGH, Urt. v. 20.5.2009 - I ZR 239/06, MMR 2009, 756.

30 EuGH, Urt. v. 8.9.2016 – C-160/15 (GS Media/Sanoma Media Netherlands ua), MMR 2017, 95; s.a. BGH, Urt. v 21.9.2017 – I ZR 11/16, GRUR 2018, 178.

aa) Kenntnis der Rechtswidrigkeit bei Links

Fraglich ist, auf wen in der Hochschule hinsichtlich der Haftungszurechnung, also der Kenntnis und des Kennenkönnens abzustellen ist. Da die Hochschule als juristische Person nicht in der Lage ist zu handeln, wird ihr das Handeln des Hochschulpersonals zugerechnet. Wie weit diese Zurechnung geht, ist für Körperschaften des öffentlichen Rechts noch nicht hinreichend geklärt.

Richtigerweise gilt für die Zurechnung zumindest das, was für die Haftung für eigene Inhalte gilt. Die Hochschule muss sich die Kenntnis derjenigen zurechnen lassen, die mit den Auftritten in den sozialen Medien betraut sind. Richtig wäre es aber auch, wie bei Körperschaften des Privatrechts, Wissen der Mitarbeiter dann zuzurechnen, wenn es um rechtserhebliche Informationen geht und die Hochschule nicht ausreichend organisiert hat, dass solche Informationen an diejenigen, die es angeht, weitergeleitet werden.[31]

bb) Kennen-können bei Links

Schwieriger zu beantworten ist die Frage, auf wen für ein Kennen-können abzustellen ist. Hier geht es um den Fall, dass sich die Hochschule ein eigenes Versagen vorhalten lassen muss, weil sie auf von Dritten initiierte Rechtsverletzungen trotz der Möglichkeit der Kenntnis nicht reagiert hat. Die Hochschule haftet für einen Link auf ein rechtswidrig bei – beispielsweise – YouTube eingestelltes Video, wenn sie die Rechtswidrigkeit hätte kennen können.[32] Der vom EuGH auf europarechtlicher Grundlage gebildete Begriff des Kennen-könnens dürfte nach deutschem Recht der fahrlässigen Unkenntnis entsprechen. Der BGH versteht den EuGH im Sinne eines „Wissenmüssens",[33] wobei dies im Ergebnis jedoch auf dasselbe hinauslaufen dürfte. So wird beispielsweise das Kennenmüssen in § 434 Abs. 1 S. 3 BGB ebenfalls als Unkenntnis aufgrund einfacher Fahrlässig-

---

31 Dazu BGH, Urt. v. 15.12.2005 – IX ZR 227/04 – Rn. 13, NJW-RR 2006, 771; Urt. v. 2.2.1996 - V ZR 239/94, NJW 1996, 1339, 1340.

32 Vgl. BGH, Urt. v. 21.9.2017 - I ZR 11/16 – Rn. 54, GRUR 2018, 178.

33 Vgl. BGH, Urt. v. 21.9.2017 – I ZR 11/16 – Rn. 55, MMR 2018, 463.

keit verstanden.[34] Die Hochschule müsste sich demnach Fahrlässigkeit entgegenhalten lassen.

Sicher ist insoweit, dass die Hochschule den Inhalt nicht allein deswegen kennen können muss, weil er sich in ihrer Fanpage oder ihrem Twitter-Account befindet. Das liefe anderenfalls auf eine Überprüfungspflicht aller Inhalte auf von der Hochschule betriebenen Angeboten in sozialen Medien hinaus, was nach dem derzeit noch geltenden § 7 Abs. 2 TMG nicht geschuldet ist.

Damit die Zurechnung nicht zu weit geht und so die Verantwortlichkeit entgegen der gesetzlichen Regelung über Gebühr ausdehnt, ist der Kreis der Mitarbeiter, deren fahrlässige Unkenntnis sich die Hochschule zurechnen lassen muss, zu beschränken. In Übereinstimmung mit der BGH-Rechtsprechung zur Wissenszurechnung dürfte auf die für die Öffentlichkeitsarbeit zuständigen Mitarbeiter abzustellen sein. Ferner kann – wie bei der Kenntnis – eine Zurechnung der fahrlässigen Unkenntnis erfolgen, wenn der Hochschulleitung ein Organisationsverschulden zur Last fällt, weil sie nicht sichergestellt hat, dass rechtserhebliche Tatsachenkenntnisse von den Mitarbeitern, die sie erlangen, an die zuständigen Stellen weitergeleitet werden.[35]

Fahrlässigkeit bedeutet dabei gem. § 276 Abs. 2 BGB das Außerachtlassen der im Verkehr erforderlichen Sorgfalt. Hochschulmitarbeiter müssen danach Anhaltspunkten für rechtswidrige Inhalte nachgehen, dürfen diese Anhaltspunkte nur in Fällen der evidenten Unbegründetheit ignorieren. Wegen der Schwierigkeit der Beurteilung der insbesondere urheberrechtlichen, aber auch datenschutzrechtlichen Situation bedarf es einer entsprechenden Schulung der Mitarbeiter. Eine Schulung in datenschutzrechtlichen Angelegenheiten sieht Art. 39 Abs. 1 lit. b DS-GVO ausdrücklich vor.

---

34 MüKoBGB/Westermann, 7. Aufl. 2016, BGB § 434 Rn. 33; s.a. zu § 15 HGB MüKoHGB/Krebs, 4. Aufl. 2016, HGB § 15 Rn. 72.

35 Vgl. BGH, Urt. v. 17. 4. 2012 – VI ZR 108/11 Rn. 22, NJW 2012, 2644; zum Organisationsverschulden s.a. BSG, Urteil vom 01.07.2010 - B 13 R 67/09 R, BeckRS 2010, 72664 sowie BGH, Urt. v. 15.12.2005 - IX ZR 227/04, NJW-RR 2006, 771.

II Störerhaftung

Der Betreiber eines Internet-Angebots haftet, wie gerade gezeigt, für eigenes Handeln und Unterlassen. Für Inhalte, die Dritte eingestellt haben und die er nicht kannte, ist er aufgrund der gesetzlichen Regeln des Telemediengesetzes regelmäßig nicht verantwortlich.[36] Das gilt jedenfalls soweit es sich um Ansprüche auf Schadensersatz handelt. Ausnahmsweise kann eine Haftung auf Unterlassung oder Beseitigung aber über die Grundsätze der sogenannten Störerhaftung in Frage kommen. Als Störer haftet derjenige, der zwar nicht selbst aufgrund eigenen Tuns eine Rechtsbeeinträchtigung verursacht, der aber die Rechtsverletzung eines anderen durch Dritte erst ermöglicht hat.[37] Gerade bei über das Internet vermittelten Inhalten ist diese Form der Störerhaftung relevant, weil Rechtsverletzungen typischerweise durch die Besucher von Plattformen wie Facebook, Twitter oder anderen Angeboten wie Blogs etc. erfolgen. Danach kann die Hochschule auch für Inhalte, die insbesondere von Studierenden eingestellt werden als Störer in Anspruch genommen werden.

Damit die Hochschule als Störer für rechtswidrige Inhalte haftet, die sie selbst nicht eingestellt hat, müssen ihr diese Inhalte haftungsrechtlich zuzurechnen sein. Sie muss dazu in irgendeiner Weise willentlich und adäquat kausal zur Beeinträchtigung von Rechten Dritte, insbesondere Persönlichkeitsrechte, beigetragen haben. Dabei kann als Beitrag auch die Unterstützung oder Ausnutzung der Handlung eines eigenverantwortlich handelnden Dritten, beispielsweise eines Studierenden, genügen, sofern die Hochschule die rechtliche und tatsächliche Möglichkeit zur Verhinderung dieser Handlung hatte.[38] Der Umfang der Haftung bestimmt sich danach, ob und inwieweit dem als Störer in Anspruch Genommenen nach den Umständen des Einzelfalls eine Verhinderung der Verletzung zuzumuten ist.[39]

Für fremde Äußerungen und Inhalte muss die Hochschule als Störer einstehen, wenn sie diese trotz Kenntnis – ein Kennenmüssen genügt nicht –

---

36 Vgl. §§ 7 ff. TMG.

37 BGH, Urt. v. 26.11.2015 – I ZR 174/14 – Rn. 21, MMR 2016, 180.

38 BGH, Urteil vom 25.10.2011 - VI ZR 93/10- Rn. 21 ff., MMR 2012, 124.

39 BGH, Urt. v. 27.2.2018 – VI ZR 489/16 - Rn. 31, GRUR 2018, 642.

von deren Rechtswidrigkeit einstellt oder bei späterer Kenntniserlangung nicht entfernt.[40] Auch hier müssen die Organisationspflichten zur Weiterleitung rechtserheblicher Tatsachen beachtet werden.[41]

Bestehen die angegriffenen Inhalte in Äußerungen, die Meinungen und nicht lediglich Tatsachenbehauptungen wiedergeben, ist noch zu prüfen, ob zugunsten des Dritten das Recht auf Meinungsfreiheit nach Art. 5 Abs. 1 GG die Rechtswidrigkeit der Äußerung entfallen lässt. Der Eingriff in ein Persönlichkeitsrecht ist nur dann rechtswidrig, wenn das Schutzinteresse des Betroffenen die schutzwürdigen Belange der anderen Seite überwiegt. Wahre Tatsachenbehauptungen müssen in der Regel hingenommen werden, auch wenn sie nachteilig für den Betroffenen sind. Von dem Schutz der Meinungsfreiheit nicht erfasst werden hingegen Tatsachenbehauptungen, die in dem Bewusstsein ihrer Unwahrheit aufgestellt werden oder deren Unwahrheit bereits im Zeitpunkt der Äußerung unzweifelhaft feststeht.[42] Enthält die Meinungsäußerung einen erwiesen falschen oder bewusst unwahren Tatsachenkern oder ist die mit ihr verbundene und ihr zugrunde liegende Tatsachenbehauptung erwiesen unwahr, so tritt das Grundrecht der Meinungsfreiheit regelmäßig hinter die Schutzinteressen des von der Äußerung Betroffenen zurück.[43]

Bei Meinungsäußerungen besteht kein Schutz durch das Grundrecht auf Meinungsfreiheit, wenn die Grenze der Schmähkritik erreicht ist. Eine Schmähkritik kann aber nicht bereits dann angenommen werden, wenn eine Äußerung überzogen oder ausfällig ist. Hinzutreten muss eine das sachliche Anliegen der Äußerung völlig in den Hintergrund drängende persönliche Kränkung.[44]

---

40 BGH, Urt. v. 1.3.2016 - VI ZR 34/15, MMR 2016, 418.

41 Dazu oben Fn. 31 und 35.

42 BGH, Urt. v. 4.4.2017 – VI ZR 123/16 - Rn. 26, GRUR 2017, 844.

43 BGH, Urt. v. 4.4.2017 – VI ZR 123/16 - Rn. 27, GRUR 2017, 844.

44 BGH, Urt. v. 27.2.2018 – VI ZR 489/16 - Rn. 37, GRUR 2018, 642.

E Fazit

Die Hochschule darf soziale Medien nutzen. Steht zu einem Medium eine Alternative zur Verfügung, muss sie pflichtgemäß abwägen, ob sie einem Medium den Vorzug geben oder gegebenenfalls auch mehrere Anbieter nutzen kann. Das Betreiben einer Fanpage ist nach dem Urteil des EuGH zur gemeinsamen Verantwortlichkeit von Betreiber und Facebook datenschutzrechtlich problematisch, solange Facebook die Anforderungen des Art. 26 DS-GVO nicht umsetzt. Selbst dann muss die Hochschule bei einer Fanpage kritisch prüfen, ob das aktuelle Geschäftsmodell von Facebook mit dem Datenschutzrecht vereinbar ist und ob gegebenenfalls Elemente des Angebots, wie z.b. der Like-Button, nicht genutzt werden können.

Die Nutzung von Fotos, auf denen Personen abgebildet werden, ist urheber- und datenschutzrechtlich zu prüfen. Die Nutzung von Links sollte unterbleiben, wenn die verlinkten Inhalte nicht als rechtlich zulässig eingestuft werden können.

Schließlich sollte die Hochschule für eine angemessene und transparente Organisation der Zuständigkeiten für den Betrieb von Internet-Präsenzen sorgen. Die mit der Verwaltung der Präsenzen in den sozialen Medien betreuten Mitarbeiter sind rechtlich zu schulen. Dadurch wird zum einen sichergestellt, dass eine entsprechende Fachkunde bei der Behandlung der Auftritte in den sozialen Medien gewährleistet wird. Zum anderen kann so im Falle einer vereinzelten Rechtsverletzung dem Vorwurf eines Organisationsverschuldens und damit der Haftung der Hochschule entgegengewirkt werden.

> ➤ Zum Autor: *Prof. Dr. Ralf Imhof* war von 1996 bis 2004 in Hamburg als Rechtsanwalt mit dem Schwerpunkt IT-Recht tätig und ist seither Inhaber einer Professur für Wirtschaftsprivatrecht mit dem Vertiefungsgebiet des Rechts der Informations- und Kommunikationstechnologie an der Ostfalia Hochschule für Angewandte Wissenschaften, Brunswick European Law School (BELS) – Fakultät Recht, Institut für Geistiges Eigentum, Recht und Wirtschaft in der Informationsgesellschaft.

Thesen des 29. Glienicker Gesprächs 2018

Die folgenden Thesen wurden in den angebotenen drei Workshops der Veranstaltung erarbeitet, am letzten Veranstaltungstag im Plenum vorgestellt, diskutiert sowie in diesem Prozess teilweise noch leicht modifiziert oder ergänzt.

Workshop 1: „Heterogenität der Studierendenschaft – Konsequenzen für die Lehre"

Moderation: Prof. Dr. Birte Mankel und Prof. Dr. Bernhard Frevel (beide Fachhochschule für öffentliche Verwaltung NRW)

These 1: Heterogenität und Diversität sind die Basis der pluralen Gesellschaft. Sie dürfen nicht auf Probleme und Defizite reduziert werden. Vielmehr bieten sie Chancen zur Potentialentwicklung, die es zu nutzen gilt.

These 2: Nicht alle Aspekte von Diversität sind studienrelevant, bedürfen jedoch des sensiblen Umgangs.

These 3: Die mit der Erhöhung der Studierendenzahlen und der Pluralisierung der Gesellschaft verbundene Heterogenität erfordert eine stärkere Ausrichtung der Curricula und Leistungsnachweise auf die Kompetenzorientierung.

These 4: Die Hochschulen sind in Ergänzung zur schulischen und beruflichen Vorbildung zunehmend gefordert, die Studierfähigkeit zu entwickeln und nehmen diese Aufgabe an. Sie sehen jedoch in gleichem Maße die Studierenden in der Pflicht. Die Eigenverantwortung ist zu fördern.

These 5: Hochschule und Lehrende sind gefordert, unterschiedliche, diversitätsinduzierte Lernwege zuzulassen, zu entwickeln und anzubieten. Die Möglichkeiten der Digitalisierung sind zu nutzen und deren Grenzen zu beachten.

These 6: Tutorien, Brückenkurse, Propädeutik und weitere Begleitung sind verstärkt notwendig. Hierfür sind organisatorische, finanzielle, materielle, infrastrukturelle und vor allem personelle Bedingungen zu schaffen.

These 7: Studienmodelle (Teilzeit, Möglichkeit zum Selbststudium, eLearning, Verlängerung der Regelstudienzeit, Auszeiten z.B. für Pflegepflichten etc.) sind unter Diversitätsaspekten anzupassen.

Workshop 2: „Veränderungen der Kommunikation zwischen Lehrenden und Studierenden – Chancen und Risiken"

Moderation: Prof. Dr. Erik Kraatz (HWR Berlin)

These 1: Hinsichtlich der Technikaffinität besteht zwischen den Studierenden eine genauso hohe Diversität wie unter Lehrenden. Verallgemeinerungen der vorhandenen Fähigkeiten sind nicht realistisch.

These 2: Studierende wenden mehrheitlich digitale Medien an und nutzen diese, einige haben aber Schwierigkeiten, diese in Arbeitskontexten anzuwenden. So werden Fähigkeiten im Umgang mit Standardanwendungen erst während des Studiums erlernt.

These 3: Die Notwendigkeit, digitale Medien in der Lehre anzuwenden, wird möglicherweise mehr durch die Erwartungen der Praxis (z.B. E-Akte, eGovernment) als durch die Erwartungshaltung der Studierenden bedingt.

These 4: Medien sind kein Selbstzweck, sondern immer nur Mittel zum Zweck, um einen bestimmten Lerneffekt zu erzielen. Der Einsatz moderner Medien muss daher individuell zur Dozentin/zum Dozenten und/oder zum Lehrgebiet passen. Es muss daher auch darauf geachtet werden, dass Lehrräume entsprechend ausgestattet sind, um sowohl „modern" als auch „old school" lehren zu können.

These 5: Kommunikationsfähigkeiten und angemessene Umgangsformen sind sowohl für das Studium als auch für die berufliche Tätigkeit wichtig. Sie sind jedoch bei Studienbeginn nicht immer gegeben. Dabei ist strittig, ob es die Aufgabe von Lehrenden an einer Hochschule ist, dies den Studierenden zu vermitteln.

These 6: Eine gelingende Kommunikation zwischen Lehrenden und Studierenden hängt vom gemeinsamen Verständnis vom Umgang miteinander ab (Bedeutung sowie Art und Weise von Kommunikation). Beispielsweise können Lehrende und Studierende Vereinbarungen für eine gemeinsame Kommunikation schließen. Solche Vereinbarungen sollen Raum für Selbstverantwortung und Gestaltungsfreiheit lassen.

Workshop 3: „Online-Kommunikation von und an Hochschulen"

Moderation: Prof. Dr. Dagmar Lück-Schneider (HWR Berlin)

These 1: An Hochschulen sind verschiedene Kommunikationssituationen zu berücksichtigen, z. B. Lehrende - Studierende, Verwaltung - Studierende, Studierende - Studierende, Lehrende - Lehrende, Verwaltung - Lehrende, Verwaltung – Verwaltung, Hochschule - Externe, ...

These 2: Online-Kommunikation erfordert eine Abwägung, welche Technik für welchen Zweck, welche Zielgruppen und für welche Art von Information zu welchem Zeitpunkt eingesetzt wird.

These 3: Technische Entwicklungen sind kritisch zu verfolgen und nach Abwägung der Vor- und Nachteile für die Online Kommunikation zu nutzen oder zu verwerfen bzw. von der Hochschulverwaltung bereitzustellen oder nicht.

These 4: Favorisierte Lösungen sollten umfassend zweckmäßig sein, dabei also eine hohe Gebrauchstauglichkeit und Bedienungsfreundlichkeit aufweisen.

These 5: Eine gute Wahl einer Online-Kommunikation vereinfacht und erspart andere Kommunikationsformen.

These 6: Die Online-Kommunikation mit den Studierenden muss den Kompetenzerwerb der Studierenden sinnvoll ergänzen.

These 7: Online-Kommunikation ist mehr als nur die Digitalisierung analoger Inhalte. „Digitalisierung ist keine Technologisierung bestehender Inhalte sondern didaktische, organisatorische und curriculare Innovation" (Zitat aus der Keynote von Julia Wandt).

Themen der bisherigen Glienicker Gespräche

1. Ausländer und Verwaltung als Thema im Rahmen des Studiums an den Verwaltungsfachhochschulen, 1987

2. Verwaltungsfachhochschulen und Dritte Welt – Beiträge der Fachhochschulen für öffentliche Verwaltung zur Entwicklungspolitik und Verwaltungsförderung, 1988

3. Informationstechnik an Verwaltungsfachhochschulen in Lehre und Forschung, 1989

4. Verwaltungsausbildung im sich einigenden Deutschland, 1990

5. Fachhochschulen für den öffentlichen Dienst in den neuen Bundesländern, 1991

6. Zukunftsaspekte der Verwaltungsausbildung, 1992
    Die Reden und Materialien sind enthalten in *D. Bischoff & C. Reichard (Hrsg.), Vom Beamten zum Manager? Berlin, Hitit 1994*

7. Internationalisierung in Ausbildung und anwendungsbezogener Forschung der FHöD, 1993
    P. Heinrich & A. Strohbusch (Hrsg.), Internationalisierung in Ausbildung und anwendungsbezogener Forschung an Fachhochschulen für den öffentlichen Dienst (Beiträge aus dem FB 1 H. 35), Berlin, FHVR 1994

8. Auf dem Weg zu einem einheitlichen Fachhochschulsystem?, 1995
    D. Bischoff & R. Leppek (Hrsg.), Auf dem Weg zu einem einheitlichen Fachhochschulsystem (Beiträge der Hochschule Nr. 1), Berlin, FHVR 1995

9. Der Beitrag der Fachhochschulen für den öffentlichen Dienst zur Verwaltungsreform durch Ausbildung, anwendungsbezogene Forschung und Weiterbildung, 1996
    D. Bischoff & W. Teubner (Hrsg.), Der Beitrag der Fachhochschulen für den öffentlichen Dienst zur Verwaltungsreform durch Ausbildung, anwendungsbezogene Forschung und Weiterbildung (Beiträge der Hochschule Nr. 2), Berlin, FHVR 1996 – vergriffen

10. Die Fachhochschulen für den öffentlichen Dienst nach den Empfehlungen des Wissenschaftsrates, 1997
W. Teubner & H.-P. von Stoephasius (Hrsg.), Die Fachhochschulen für den öffentlichen Dienst nach den Empfehlungen des Wissenschaftsrates (Beiträge der Hochschule Nr. 6), Berlin, FHVR 1997

11. Marketing und Sponsoring am Fachhochschulen für den öffentlichen Dienst, 1998

12. Modernisierung durch Ausbildung – Innovationsdruck und Innovationen in Studiengängen für den öffentlichen Sektor
P. Heinrich (Hrsg.), Modernisierung durch Ausbildung – Innovationsdruck und Innovationen in Studiengängen für den öffentlichen Sektor (Beiträge der Hochschule Nr. 16), Berlin, FHVR 2000
D. Bischoff (Hrsg.), Modernisierung durch Ausbildung – Innovationen in Studiengängen für den öffentlichen Sektor, Reihe Verwaltung, Recht und Gesellschaft, Band 11, Hitit Verlag, Berlin 2000

13. Leistungsorientierung in der Verwaltungsausbildung
P. Heinrich (Hrsg.), Leistungsorientierung in der Verwaltungsausbildung (Beiträge der Hochschule Nr. 19), Berlin, FHVR 2001

14. Der Beruf, die Praxis und das Studium – Entwicklungen, Wechselwirkungen, Modelle
P. Heinrich (Hrsg.), Der Beruf, die Praxis und das Studium – Entwicklungen, Wechselwirkungen, Modelle (Beiträge der Hochschule Nr. 20), Berlin, FHVR 2002

15. Der Bologna-Prozess – Chancen und/oder Risiko für die Fachhochschulen für den öffentlichen Dienst
P. Heinrich (Hrsg.), Der Bologna-Prozess – Chancen und/oder Risiko für die Fachhochschulen für den öffentlichen Dienst (Beiträge der Hochschule Nr. 24), Berlin, FHVR 2004

16. Bachelorisierung und Masterangebote – Perspektiven der Umsetzung des Bologna-Prozesses
P. Heinrich und D. Kirstein (Hrsg.), Bachelorisierung und Masterangebote – Perspektiven der Umsetzung des Bologna-Prozesses (Beiträge der Hochschule Nr. 25), Berlin, FHVR 2005

17. Ökonomisierung des Hochschulwesens
P. Heinrich und D. Kirstein (Hrsg.), Ökonomisierung des Hochschulwesens (Beiträge der Hochschule Nr. 27), Berlin, FHVR 2006

18. Hochschulen in vernetzter Verantwortung – Die Rolle der FHöD
H. P. Prümm und D. Kirstein (Hrsg.), Hochschulen in vernetzter Verantwortung – die Rolle der FHöD (Beiträge der Hochschule Nr. 28), Berlin, FHVR 2007

19. Begeisterung für die Verwaltung – ein Widerspruch in sich?
H. P. Prümm und D. Kirstein (Hrsg.), Begeisterung für die Verwaltung – ein Widerspruch in sich? (Beiträge der Hochschule Nr. 29), Berlin, FHVR 2008

20. Braucht die öffentliche Verwaltung eine eigene Ausbildung?
H. P. Prümm und D. Kirstein (Hrsg.), Braucht die öffentliche Verwaltung eine eigene Ausbildung? (Beiträge des Fachbereich 3 – Nr. 01), Berlin, HWR 2009

21. Privatisierung der akademischen Ausbildung für die öffentliche Verwaltung
H. P. Prümm und D. Kirstein (Hrsg.), Privatisierung der akademischen Ausbildung für die öffentliche Verwaltung (Beiträge aus dem Fachbereich Allgemeine Verwaltung – Nr. 05/2010), Berlin, HWR 2010

22. Aus- und Weiterbildung in einer Hand – Spezifische Fachdidaktiken und Weiterbildungstools an den FHöD
H. P. Prümm und D. Kirstein (Hrsg.), Aus- und Weiterbildung in einer Hand – Spezifische Fachdidaktiken und Weiterbildungstools an den FHöD (Beiträge aus dem Fachbereich Allgemeine Verwaltung – Nr. 10/2011), Berlin, HWR 2011

23. Gute Lehre und Forschung trotz schwieriger Rahmenbedingungen. Neue Strategien und Instrumente
D. Lück-Schneider und D. Kirstein (Hrsg.), Gute Lehre und Forschung trotz schwieriger Rahmenbedingungen. Neue Strategien und Instrumente (Beiträge aus dem Fachbereich Allgemeine Verwaltung – Nr. 14/2012), Berlin, HWR 2012

24. Verwaltungsethik - Selbstverständnis und Themenfelder in Lehre, Forschung und Praxis an den FHöD -
D. Lück-Schneider und D. Kirstein (Hrsg.), Verwaltungsethik - Selbstverständnis und Themenfelder in Lehre, Forschung und Praxis an den FHöD (Beiträge aus dem Fachbereich Allgemeine Verwaltung – Nr. 17/2013), Berlin, HWR 2013

25.   25 Jahre Glienicker Gespräche. Rückblick und Ausblick.
D. Lück-Schneider, D. Kirstein (beide Hrsg.), 25 Jahre Glienicker Ge-
spräche. Rückblick und Ausblick (Beiträge aus dem Fachbereich Allge-
meine Verwaltung Nr. 22/2014). HWR Berlin. 2014
D. Lück-Schneider, E. Kraatz (beide Hrsg.), Kompetenzen für ein zeitge-
mäßes Public Management. Herausforderungen für Forschung und Lehre
aus interdisziplinärer Sicht. Zum 25. Jubiläum der Glienicker Gespräche
(HWR Berlin Forschung 56/57). Berlin: edition sigma. 2014

26.   Gesundheitsmanagement in der Öffentlichen Verwaltung. Berührungspunkte zu unseren Lehrgebieten, Wünschenswertes für die Praxis und unsere Hochschulen.
D. Lück-Schneider, D. Kirstein (beide Hrsg.), Gesundheitsmanagement in
der Öffentlichen Verwaltung. Berührungspunkte zu unseren .Lehrgebieten,
Wünschenswertes für die Praxis und unsere Hochschulen. (Beiträge aus
dem Fachbereich Allgemeine Verwaltung Nr. 5/2015). HWR Berlin. 2015

27.   Attraktivität der Ausbildung für den Öffentlichen Dienst.
D. Lück-Schneider, F. T. Furtak (beide Hrsg.), Attraktivität der Ausbil-
dung für den Öffentlichen Dienst. Studieninhalte, Fachkräftebedarf und
Karrierewege. (Redebeiträge und Thesen des 27. Glienicker Gesprächs).
Hamburg: Tredition. 2016

28.   Die Digitalisierung in der öffentlichen Verwaltung und hieraus resultierende Veränderungen für die Praxis, Lehre und Forschung.
D. Lück-Schneider, F. T. Furtak (beide Hrsg.), Die Digitalisierung in der
öffentlichen Verwaltung und hieraus resultierende Veränderungen für die
Praxis, Lehre und Forschung. (Redebeiträge und Thesen des 28. Glieni-
cker Gesprächs). Verwaltung und Management 5/2017

Zeitfracht Medien GmbH
Ferdinand-Jühlke-Straße 7
99095 Erfurt, Deutschland
produktsicherheit@kolibri360.de